Mutmach-Geschichten
von Frauen für Frauen

Alles geben nur: nicht auf!

Stephanie Feyerabend
VERLAG

Impressum

Herausgeberin:
Stephanie Feyerabend, Ludwigshafen am Bodensee
www.feyerabend.biz

Schreibbegleitung, Nachwort, Covertext:
Mechthild Batzke, Korschenbroich
www.loesbar-batzke.de
www.batzke-kreativ.de

Verlag:
Stephanie Feyerabend Verlag, Ludwigshafen am Bodensee
www.verlag-feyerabend.biz

Cover, Layout und Herstellung:
Feyerabend – Die Medienwerkstatt, Ludwigshafen am Bodensee
www.feyerabend.biz

Korrektorat:
Heike Schoo, Münster
heike.schoo@web.de

Buchvertrieb und Marketing:
Feyerabend – Die Medienwerkstatt, Ludwigshafen am Bodensee
www.feyerabend.biz

Bildnachweise:
Die Rechte der von den Mitautoren eingesandten Bilder liegen bei den Mitautoren.
Pixabay

1. Auflage November 2021
ISBN 978-3-9818925-6-7

Ermutigung zur rechten Zeit, schafft Ruhe und Gelassenheit!

Mechthild Batzke

Inhaltsverzeichnis

Vorwort

Alles geben – nur nicht auf! Und mein Traum, daraus eine Reihe zu machen.

Mit den Geschichten und Erfahrungen von Unternehmerinnen fing damals alles an. Ein Seminarwochenende mit verschiedenen Unternehmerinnen zeigte mir im Jahr 2014, dass die Frauen, die teils lange in ihrer Unternehmung, teils erst in der Gründung waren, mit vielen Hürden und Unwägbarkeiten zu kämpfen hatten. Ich, die damals zwar schon einige Jahre selbstständig, aber bis dato noch alleine mein Unternehmen bestritt, staunte nicht schlecht, als ich erfuhr, dass sie alle, egal ob kleines Unternehmen oder weltweit operierend unterwegs, die gleichen Sorgen und Nöte hatten.

Die Idee war geboren, all die Geschichten zu sammeln, um anderen Unternehmerinnen Mut zu machen und an ihr Tun weiter zu glauben.

Im November 2015 erschien „Alles geben – nur nicht auf! Von Unternehmerinnen für Unternehmerinnen". Der Weg dorthin war steinig, aber ich habe es geschafft. Ich machte Lesereisen und stellte das Buch, die Geschichten und die Autorenerlebnisse vor. Die Resonanz war unglaublich. Ich erinnere mich an eine Frau, die nach einer Lesung sagte, sie hätte eigentlich an dem Abend etwas anderes vorgehabt, dass sie aber sehr froh sei, zu der Lesung gekommen zu sein: So inspirierend waren die präsentierten Geschichten. Ein weiteres – für mich sehr beeindruckendes – Erlebnis war die Aussage eines Mannes, der eigentlich ja nicht zur Zielgruppe des ersten Bandes gehörte, weil das Buch die Unternehmerinnen ansprechen sollte und nicht die Unternehmer. Er sagte, dass ihn, nachdem er das Buch gelesen habe, eine Geschichte sofort veranlasst hätte, seine Marke schützen zu lassen.

Ja, genau das war es! Das wollte ich mit dem Buch erreichen. Die Autorinnen sollten nicht nur ihre Geschichte aufschreiben, sondern jeweils auch den Leserinnen und Lesern am Ende ein Fazit und wichtige Tipps aus ihren Erfahrungen mitgeben.

Eine weitere Leserin berichtete mir, dass sie das Buch auf ihrem Nachtisch liegen habe und immer wieder in dem Buch lese.

Es freut mich sehr, dass ich es geschafft hatte, viele unterschiedliche Erfahrungen zu sammeln, damit jede Leserin für sich das Passende findet. Das ist nun sechs Jahre her. Nach wie vor höre ich, dass das Buch begeistert, inspiriert, berührt, Ideen gibt und Mut macht.

Es gibt so viele erstaunliche Geschichten in dieser Welt. Ich möchte den Menschen Mut machen, nicht aufzugeben.

Mit Band 2 kommen nun die Mutmach-Geschichten von Frauen für Frauen. Und wieder bin ich voller Begeisterung und gleichzeitig voller Demut über den Mut, die Hingabe und den Willen der neuen Autorinnen. Mut, dass sie ihre Geschichte offen und authentisch erzählen, und die Hingabe und den Willen, mit denen sie anderen Frauen sagen möchten ... gebt alles – aber nicht auf!

Ich freue mich sehr, dass ich mit Mechthild Batzke eine wunderbare Mitherausgeberin gefunden habe, die so viele Frauen bewegen konnte, ihre Geschichte aufzuschreiben. So facettenreich ist auch dieses Buch wieder. So unterschiedlich sind all die Erfahrungen. Ich bin überzeugt, dass sich auch hier wieder viele Frauen wiederfinden werden.

Für meine Idee der Mutmach-Geschichten soll es noch viele Bände geben: Mutmach-Geschichten für Coaches, für Trainer, für Hundebesitzer, für Arbeitgeber, für Immobilienbesitzer, für Eltern, für Männer, für Rechtsanwälte, für Ärzte, für Prostituierte, für Bestatter, für ungewollt Kinderlose, für Adoptivkinder, für Witwen und Witwer, für Flutopfer ... es gibt einfach so viele bewegende Geschichten. Wir sollten uns alle gegenseitig Mut machen – ein Austausch aller Erfahrungen mit wertvollen Tipps. Ich glaube, das ist genau das Richtige für diese Welt, in der wir gerade leben.

Ich selbst erlebe als Selbstständige, die mittlerweile treue Angestellte hat und seit fast 20 Jahren ihre Business-Frau steht, immer wieder, dass es nach wie vor Tiefen gibt. Manchmal verharre ich in verzweifelnden Gedanken, höre aber dann von anderen oder meist sogar von mir selbst: Guck mal, es gibt da ein Buch „Alles geben – nur nicht auf". Ich muss daraufhin immer schmunzeln und sehe wieder Licht am Horizont. Dieses Buch hilft einfach immer wieder und macht Mut.

Ich wünsche Ihnen viel Freude, Inspiration und ... „Halten Sie fest, auch wenn es mal wieder echt doof läuft!" Sie sind nicht alleine!!!

Stephanie Feyerabend

Hildegard, 60

„Du bist doch Papas Kind!"
„… und wo bist du, Mama?"

Liebes Tagebuch,

lange habe ich dir nicht geschrieben, jahrelang. In der Zwischenzeit ist so viel passiert: Felix und Katharina haben beide ihr Studium mit Bravour gemeistert und gehen ihren Weg. Beide haben einen tollen Partner/in an ihrer Seite. Mein Mann Matthias und ich führen den Betrieb gemeinsam und zusätzlich arbeite ich ein paar Stunden in der Gemeinde, was mir sehr viel Spaß macht.

Und trotzdem spüre ich oft eine große Traurigkeit in mir, die ich manchmal nicht ertragen kann. Viele Gespräche mit einer Therapeutin und Ärztin werfen immer wieder die gleichen Fragen auf:

- Warum bin ich oft traurig?
- Ist das eine Depression?
- Was lässt mich immer wieder zweifeln?
- Habe ich alles richtig gemacht?
- War das alles? Kommt da noch was?

Nun bin ich bald 60 Jahre alt und immer wieder diese Gedanken. Den einzigen Menschen, den ich hätte fragen wollen, wäre Papa.

Mein Papa, mein Held: Mein Vater war zehn Jahre älter als Mama, vernünftig, belesen, guter Ratgeber, verlässlicher Freund, Firmeninhaber. Ich füllte die Rolle als „gewünschter Sohn" voll aus: Ich sah aus wie ein Junge, zog mich so an und benahm mich auch so. Zuhause herrschten strenge Regeln (Tischmanieren usw.). Oft hatte ich das Gefühl, mit Papa auf einer Stufe zu stehen im Gegensatz zu Mama und meiner kleinen Schwester. Als Kind habe ich kaum geweint, da es immer hieß: „Ein Indianer kennt keinen Schmerz." Im Sport war ich ein Ass und voller Stolz war mein Papa, als ich auch das Abitur bestanden habe. Er sagte: „Meine Tochter!" Alles lief nach Plan, Ausbildung, Hochzeit, erstes Kind ein Junge, zweites Kind in der 22. SSW Verdacht auf Trisomie 21. Da geriet das Leben zum ersten Mal ins Schwanken. Zum ersten Mal lief es nicht nach Plan. Zum Glück hatte es sich nicht bestätigt, nur die Ängste um die ungeborene Tochter waren da. Aber auch da war ich stark, bis Papa starb.

Nachdem Mama getröstet war und wieder einen Mann kennengelernt hatte, hatte ich nun Zeit zu trauern. Niemand sollte das mitbekommen, weil ich ja immer alles schaffte, aber mein Körper streikte. Ein Jahr starke Schmerzen mit

Depressionen und anschließend mehrere OPs zwangen mich in die Knie und nun wollte ich doch auch mal auf den Schoß, aber mein Papa war nicht mehr da. Ein ewiges Hin und Her zwischen der starken, selbstbewussten Frau und der traurigen, feinfühligen tobte in mir. Dabei wollte ich doch nur ein wenig Aufmerksamkeit, auch mal von meiner Mama. Schon als Kind war ich eifersüchtig auf meine kleine Schwester, aber habe es mir nie anmerken lassen. Irgendwie war oder bin ich zu stolz, es zuzugeben.

Als Kind bin ich mal fortgelaufen, nachdem Mama mich ungerechterweise ausgeschimpft hatte. Ich war wütend und traurig, saß stundenlang auf dem Spielplatz im Gebüsch und hoffte, dass meine Mutter kommt und mich sucht: Aber niemand kam und ich weinte bei der Vorstellung, wäre meine Schwester fortgelaufen, nach ihr hätte sie gesucht. Als es dunkel wurde, bin ich nach Hause gelaufen und es wurde nie über die Sache gesprochen.

Meine Mutter zog sich von mir immer zurück, so empfand ich das, und das tat sie in meiner Kindheit mit dem zweideutigen Satz: „Du bist doch Papas Kind!". Bis heute hat sich an unserer Distanz zueinander nichts geändert. Wie gerne würde ich mich einfach mal an meine Mutter wenden können und von ihr wahrgenommen und in meinen traurigen Phasen getröstet werden. Und wenn ich jetzt mal ganz ehrlich zu mir selbst bin, bin ich wütend, dass Mama einen so großen Unterschied im Verteilen ihrer Zuwendung zwischen meiner kleinen Schwester und mir macht. Es tut gut, dass hier mal niederzuschreiben und dir, liebes Tagebuch, davon zu erzählen. Und es war besonders gemein, dass sie – weil ich ja gerade Papas Kind war – sie für mich nach seinem Tod nicht tröstend da war, sondern ich mit der Trauerarbeit ganz alleine stand und ich darüber hinaus für sie da war, aber sie nicht für mich.

Dass es zwischen Geschwistern oft zu Eifersüchteleien kommt, ist vorprogrammiert. Nach all meinen Erfahrungen aber möchte ich versuchen, es bei unseren beiden Kindern besser zu machen:

Meine liebe Tochter,

ich weiß, wie du dich fühlst, wenn du sagst, Felix ist mehr wert und er wird mehr anerkannt. Ich kenne das Gefühl. Vielleicht spürst du das auch, dass mich das immer noch belastet. Ich möchte dir sagen: Ich liebe dich so, wie du bist, von ganzem Herzen. Bitte lass uns immer über alles reden und nichts ungesagt lassen, so wie bei Oma und mir.

Lieber Sohn,

du bist der Erstgeborene und ich liebe dich, weil du ein toller Mensch und genauso ein Teil von mir bist.

Ich habe einen lieben Mann an meiner Seite, der natürlich nicht den Papa ersetzt, aber die ganzen Jahre zu mir steht, in den depressiven Phasen und in der Zeit der Erkrankungen. Er kennt nicht nur die selbstsichere, perfekte Frau, sondern auch die zartbesaitete. Der hohe Anspruch an mich selbst, lässt mich oft an meine Grenzen stoßen und ich werde immer versuchen alles zu geben, aber niemals aufgeben.

P.S. Das kleine Mädchen im Gebüsch wartet nicht mehr auf ihre Mama, ein anderes Kind hat sie zum Spielen aus dem Versteck gelockt.

Ainohpue, 56

~~Alles~~, nein: Etwas geben, nur nicht auf

Wenn du vernünftig bist, erweise dich als Schale und nicht
als Kanal, der fast gleichzeitig empfängt und
weitergibt, während jene wartet, bis sie gefüllt ist.

Auf diese Weise gibt sie das, was bei ihr überfließt,
ohne eigenen Schaden weiter.

Lerne auch du, nur aus der Fülle auszugießen,
und habe nicht den Wunsch, freigiebiger zu sein als Gott.

Die Schale ahmt die Quelle nach. Erst wenn sie mit Wasser
gesättigt ist, strömt sie zum Fluss, wird sie zur See.
Du tue das Gleiche! Zuerst anfüllen und dann ausgießen.

Die gütige und kluge Liebe ist gewohnt überzuströmen und
nicht auszuströmen.

Ich möchte nicht reich werden, wenn du dabei leer wirst.

Wenn du nämlich mit dir selber schlecht umgehst,
wem bist du dann gut?

Wenn du kannst, hilf mir aus deiner Fülle,
wenn nicht, schone dich.

(Die Schale der Liebe von Bernhard von Clairvaux)

Der Tropfen wird zur Quelle. Viele Tropfen formen das Rinnsal, den kleine Bach, den Fluss, den Strom und werden zum Meer. Daraus entstehen wieder die Tropfen. Und alles ist immer nur die Vereinigung von vielen unterschiedlichen Tropfen. Nichts mehr und nichts weniger.

Nur durch die gemeinsame Richtung und durch die Menge entsteht die Strömung, die mitreißt. Auf dem Weg in die Freiheit zu einem unbeschwerten, freudvollen Sein. Im wogenden Tanz mit den anderen. Manchmal aus Regen, manchmal aus Tränen entstanden. Aber essentiell für uns alle. Ohne uns Tropfen wäre alles Leben nichts. Dann gäbe es kein Geben und kein Nehmen. Kein Alles, kein Etwas und kein Aufgeben.

Jeder Tropfen ist einzigartig und hat seine eigene Geschichte, auch wenn sich vieles gleicht.

Ein erster Tropfen erzählt:

Ich bin der Vatertropfen.

Es war einmal ein sehr ernster, vernünftiger Tropfen. Er glänzte durch bizarres Wissen, liest den Duden oder das Kursbuch der DB als Nachtlektüre. Er wurde ermahnt: „Reiß dich am Riemen." Nur die Vernunft zählt, nur das Denken, die vermeintliche Klugheit, nur naturwissenschaftliche Argumente. Die individuelle Intelligenz sei der einzige Weg zur Freiheit. Aber autistisch-egozentrisch agierend, sich nicht von anderen stören lassend, in Ruhe gelassen werdend und seinen eigenen Weg gehend. Man ist so glücklicherweise nicht auf die anderen angewiesen. Und kann so auch vermeiden, sich mit seinem überdominanten Vater auseinanderzusetzen. An dem steingewordenen Standbild kann so die fehlende Nähe durch Dauerbewunderung ersetzt werden und bleiben. „Der hätte ja auch mal für seine eigene Frau sorgen können und nicht mich alles machen lassen sollen! Die war ganz schön einsam. Für sie musste ich sorgen", sinnierte der Tropfen. „Ich habe so gelernt, mühsam auf mein eigenes Ich zu achten." So bleibt man bei sich und – und es gibt nur wenig Gefühl für ein „Du". Und wo bleibt das Fühlen? Das ist doch ein völlig irrationaler Gedanke, überflüssig und irgendwie auch bedrohlich sinnfrei ...

Das denkt der 3. Tropfen über den 1. Tropfen:

Ob es irgendwelche schlechten Erfahrungen mit Gefühlen gibt? Ob die Kriegserlebnisse, das Verlassensein, das Verantwortungsgefühl für die Mutter, das scheinbare Schuldgefühl am Diphtherietod der kleinen Schwester als Keimüberträger so überwiegt, dass man nicht mehr in sein Sohn- und Kindsein hineinfindet? Und alles rationalisiert, kein Gefühl mehr zulässt? Und dies auch für alle anderen Menschen so annimmt? Das eigene Gefühl der Freiheit?

Ein sicherlich interessanter Weg, wenn die Grundeinstellung so ist, dass es nur diese Art des Lebens, des Tropfenseins, gibt und man der allereinzige Tropfen auf dieser Welt ist. Oder die anderen Tropfen sich in Geschwindigkeit und Richtung an den egozentrischen Tropfen anpassen müssen. Die individuelle Definition von persönlicher „Entscheidungsfreiheit" wird so zum Dogma und zur Messlatte für die anderen.

Und dennoch gibt es wundervolle Seiten in der Begleitung von solch einem Tropfen: Man fühlt sich nicht begrenzt, alles ist möglich, erreichbar und wird gefördert, wenn man es genug will. Ein großes Urvertrauen, das fühlt sich gut an. Man hat alle Freiheiten der Welt – zumindest ganz viele, wenn man sich nicht so banale Dinge wie „Ohrringe stechen lassen" wünscht. Das ist ein No-Go. Und in der gemeinsamen Musik ist ganz viel Gefühl versteckt. Das versöhnt in vielerlei Hinsicht und führt zu einem Gemeinschaftserleben.

Ein zweiter Tropfen erzählt:

Ich bin der Muttertropfen.

Es gibt ein Richtig und ein Falsch. Und ich muss mich immer bemühen, es richtig zu machen. Ich kann mich richtig begeistern. Es gibt so viele Fallstricke, es falsch zu machen. Und immer bin ich am Ende daran schuld. Auch wenn in China ein Sack Reis umfällt, war ich doch irgendwie daran beteiligt. Ganz schön schwer, dies dann alles zu tragen. Ich kann mich doch nicht um alles kümmern, doch muss ich es machen, sonst bin ich tieftraurig. Nur das Bemühen zählt für mich in meiner eigenen Wahrnehmung. Sonst spüre ich mich nicht. Innerhalb von Minuten ist es plötzlich anders. Ich bin euphorisch und zu Tode betrübt. Was ich heute fühle, kann morgen schon ganz anders sein. Ich bin enorm flexibel, kann mich auf alles einlassen, alles ist willkommen. Ich habe enorme Angst, etwas zu verpassen. Aber alleine etwas Neues zu beginnen, das kann ich nicht. Es ist gut, dass ich verschiedene Kinder habe. Ich bewundere sie, weil sie alle etwas geschaffen haben und es sich zutrauen. So kann ich daran teilhaben und es aus meiner sicheren Warte des Begleiters mitgenießen. Ich könnte das so nicht. Ich würde ja alles falsch machen. Es ist gut, dass sie es stellvertretend für mich machen. Eigentlich sagen alle, dass ich es ganz gut mache. Die Sprachen, die ich unterrichtet habe ... Aber für mich ist es nix wert. Mein Vater wäre immer noch nicht stolz auf mich ... Und er hat sich ja auch immer als Versager gefühlt. Aber ich habe mich ja deutlich unter Wert verkauft und mir nicht zugemutet, etwas zu verändern. So konnte ich meine eigene Unsicherheit dauerhaft bewahren, habe Bluthochdruck und Depressionen bekommen und musste daran nichts ändern. Und niemand hat meine Selbstzweifel ernst genommen.

Das denkt der 3. Tropfen über den 1. Tropfen:

In der Begleitung durch einen solchen Tropfen gibt es auch viele schöne Ereignisse. Man ist begleitet, geborgen in der Bewunderung, gesichert im wertgeschätzten Tun. Personen des Lebens sind immer willkommen und in allen Situationen des Lebens wird eine positive Seite gesehen. Es ist ein Zuhause. Man ist wichtig.

Ein dritter Tropfen erzählt:

Ich bin der Tochter-Tropfen.

Ich kann ganz viel, sogar viel mehr, als alle anderen tragen. Ich habe das gelernt. Seit dem ersten Atemzug. Ich sollte mich an nichts stören. Ich hatte unendliche Entwicklungsfreiheiten. Alles wurde passend gemacht. Ich habe Verantwortung für meinen Muttertropfen übernommen. Und den Autismus meines Vatertropfens mitgelebt. Habe mich für die Elterninteraktion verantwortlich machen lassen. Manchmal tut es mir jetzt noch leid, wie sie miteinander agieren. Sooo distanziert und wenig wertschätzend. Das wollte ich nicht mehr. Auch nicht mehr in meiner ersten Ehe, daraus habe ich mich befreit.

Ich habe erlebt, dass ich deutlich mehr Mut, Energie und Handlungsfreiheit erfahren habe und ausagieren kann als andere Personen. Ich habe erfahren, dass es sich lohnt, neugierig zu sein, sich um etwas oder jemanden zu bemühen und darüber hinaus. Ich war immer an allem interessiert. Und konnte das umsetzen. Bis jetzt und bis zu einem gewissen Grad. Das hat mich stolz gemacht, alles zu schaffen und nicht zu klagen. Alle waren und sind erstaunt. Immer mit frohem Mut, *alles zu geben* und darüber hinaus. Häufig über meine Kraft hinaus. Das habe ich bisher noch nicht gut gelernt. Es hat mir ermöglicht, vier Kinder zu haben, eine leitende Position in Männerdomäne, zwei Berufsausbildungen/Studium, einen Ex-Mann mit Depressionen, eine Tochter mit schwerer Erkrankung, einen neuen Partner mit eigenen Erfahrungen einer Sucht-Herkunftsfamilie und Co-Abhängigkeit mit seiner Dauerfrage „.... und ich?" zu haben, Zugpferd zu sein für Freizeitaktivitäten mit Freunden, Initiatorin für Special-Events zu sein, Ungerechtigkeiten und Selbstsucht zu benennen und dem die Stirn zu bieten und Menschen ein Wohlfühlen und Willkommensein zu geben. Und ich merke in mir, dass ein Teil des „Alles-Gebens" meine Möglichkeit, aber auch gleichzeitig mein Weg des Anerkannt-Werdens ist, auch von mir selbst.

Niemals wollte ich mich in ein vorhandenes Schema pressen lassen. Nicht im Beruf, nicht im Privatleben. Ich suche und beharre auf den Unterschieden zwischen Badisch und Niederrheinisch. Oft habe ich das Gefühl: „Ich passe da nicht rein." Ich hatte ja schon ganz früh die Mutterfunktion und die Paarberaterin in mein Tochterdasein zu integrieren. Das war nicht einfach. Und ich hatte das Gefühl, nur eine Funktion leben zu dürfen und zu können, habe mich darüber definiert und Anerkennung gefunden. Ich wählte die Option des Alles-Gebens. Das war sozial enorm akzeptiert. Ich fühle ganz viel. Ich reagiere auf Stimmungen. Und fühle mich dafür verantwortlich bzw. ertrage die „unheile Welt" nicht. Ich meine, agieren und bessern zu wollen – aus eigenem Unbehagen – oft über meine eigene Kompetenz und über meine Kraftreserven hinaus. Und manch anderer definiert dies gar nicht als „Unheil".

– „Alles gegeben" – ganz schön anstrengend. Bis das 3-jährige Leiden und der Tod meiner Schwester kam. Ich, die Ärztin. Sie, die Ärztin. Gemeinsam unterwegs in Sachen Homöopathie und Naturheilverfahren. Und wir beide konnten sie nicht retten. Sie nicht, ich nicht.

Ich konnte nicht mehr geben. Nicht mehr alles geben, noch nicht mal etwas geben. Aber aufgeben war keine Option. Nicht für meine Töchter, nicht für meine Schwester. Und auch nicht für meine Mutter. Ein klitzekleiner Rest an „geben" war noch übrig – der gehörte meinen Töchtern. Und meine Mutter und mein damaliger Noch-Mann mussten selbst für sich sorgen.

Der 3. Tropfen traut sich erstmals, seine Wut über den 1. und den 2. Tropfen in Worte zu fassen:

Vaterwut:

Blicke um Dich. Sieh die Welt nicht nur aus Deinen Augen. Und demontiere endlich mal Deine Eltern. Da war ziemlich viel Schlimm, was so heilig anthroposophisch nach außen verbrämt war. Die anhimmelnden alten Damen, mit denen sich Dein Vater umgab. Gab es da Ehebruch? Wahrscheinlich ja. Zumindest Eifersucht, vor der Du Deine Mutter bewahren musstest. Irgendwie bist Du wohl eher in der Rolle meines Opas.

Sieh Mama an. Versetze Dich in ihre Wahrnehmung. Sprecht miteinander. Ich möchte nicht mehr Deine Abwesenheit und Deine Sprachlosigkeit kompensieren. Erhebe Dich nicht über sie. Akzeptiere, dass andere Leute die Dinge anders sehen, und im gemeinsamen Leben auch Konsens gefunden werden muss. Nicht, dass jeder nur das tut, was er für sinnvoll hält. Gehe ins Kino, lies Romane, lasse Geschichten, nicht nur Geschichte und Wissen in Deinem Hirn lebendig werden. Schwinge mit im Leben. Und erkläre mir, warum du so unendlich vor Deinem Fühlen wegläufst.

Du bist blind. Du hast noch nicht einmal gemerkt, als ich mal nachts nicht nach Hause gekommen bin. Ich wäre emotional verkümmert, wärest du alleinerziehender Vater gewesen. Respektiere, dass Mama gefühlvoll ist. Das hat Dir ganz viel ermöglicht. Und hat Deine fehlende (in den Keller katapultierte) Seite zumindest nach außen kompensiert. Respektiere ihre Ängste. Sprich mit ihr darüber. Sie ist emotional verkümmert. Und bemüht sich weiterhin. Auch wenn sie nicht mehr alles im Hirn hat. Sieh das.

Mutterwut:

Sorge endlich für Dich, such Dir nicht immer Stellvertreter für Deine Bedürfnisse. Das ist eine nicht angemessene Last, das ist nicht tragbar. Du kennst das von Oma. Auch im Kontext mit Deiner Schwester – Ihr hattet auch erst wieder Nähe und Kontakt nach Omas Tod.

Glaube Deinen Gefühlen.

Wenn Du etwas willst, dann mache es, ohne immer darauf zu warten, dass es jemand für Dich tut. Kümmere Dich um die Krankenversicherung, um die Steuern, um die Hausfinanzierung, um die Pelletbestellung und knalle Papa die Wäsche, das Kochen, die Fahrkarten vor die Füße. Die Hilflosigkeitserpressung in Deiner zementierten Opferrolle war noch nie angemessen und ist nicht mehr tragbar. Für keinen, auch nicht für Dich. Dein Herzrasen erinnert Dich immer wieder daran.

Sorge Dich nicht, lebe. Höre auf mit dem Lamentieren. Sei erwachsen. Denke nicht immer, dass Deine Sorgen die Sorgen aller sein müssten. Respektiere, dass andere das nicht als Problem sehen.

Frage nicht immer nach, nur dass Du beruhigt bist, sondern interessiere Dich für den anderen, für die wirklichen Themen, die den anderen berühren. Glaube nicht an Deine heile Welt, die nicht heil ist, sondern ganz viele zerbrochene Ecken hat. Beauftrage mich nicht mit Dingen, die Du selbst nicht angehst.

Frage nicht immer Fragen, die nicht Dein Gehirn berührt haben, sondern nur aus Impuls der Angst oder des Anerkannt-Werdens erzeugt werden. Warte die Antworten ab, wenn Du Fragen stellst. Und werte die Antworten auch als relevant. Ich habe immer geschätzt, dass Du Smalltalk machen kannst. Inzwischen ist diese allein output-gesteuerte Funktion auch in persönlicher Interaktion präsent. Das passt nicht.

Und vor allem: Nimm mir nicht meine Schwester weg und mute ihr nicht das Gleiche zu wie mir. Sieh ihren Bandscheibenvorfall und ihren Schwindel. Es ist zu viel für sie. Dafür kannst Du verantwortlich sein. Und nicht für die vielen entfernten Säcke Reis, die Du immer mit eigenen Händen festhalten willst.

Es ist nicht schlimm, dass Dein Gehirn nicht mehr so ganz gut funktioniert und Du einiges vergisst. Du kannst mich fragen. Aber es ist schlimm, dass Du so negativ und zweifelnd geworden bist. Versuche zu vertrauen. Da bist Du sehr entfernt von der Frau, die ich als Mutter kannte. Das bedaure ich sehr.

Der 3. Tropfen wird langsamer wieder ruhiger und kann sich wieder sich selbst zuwenden:

Was ist meine Zukunft?

Ich mache mich nicht mehr für alles verantwortlich. Ich zeige Grenzen. Ich lebe meine nachgeholte Pubertät.

Ich lerne zu sehen, dass ich für mich selbst verantwortlich bin. Ich lerne, die Traurigkeiten im Sein als Aufgabe zu erkennen. Ich bleibe nicht alleine im Fühlen verhaftet, sondern entwickle mein gutes Gespür für andere und dies als meine Aufgabe zu sehen, an mir – und nicht am anderen – zu arbeiten und die Veränderung zu wollen. Ich sehe die Traurigkeiten der Menschen in meinem Umfeld als Aufgabe, für meine eigene Fröhlichkeit zu sorgen. Aus dem „Ich soll ..." wird ein: „Ich will ..."

Ich möchte manchmal weniger spüren und mein gesammeltes Lehrbuchwissen vergessen.

Ich reagiere nicht mehr auf narzisstisch-unausgesprochene Fragen: „Und ich?", sondern erkenne, dass dies die Fragen der Menschen an sich selbst sind, deren Selbstfürsorge minimal ist. Ich bemerke meinen Impuls, dies für sie kompensatorisch zu tun. Ich sehe mit Sorge die Unfähigkeiten, Beziehungen zu knüpfen und langfristig auf Augenhöhe zu erhalten. Ich sehe die ödipalen Symbiosen zu Müttern und Imitationen von narzisstischen Vätern und nicht bearbeitete Co-Abhängigkeiten und mehr. Dies besorgt mich, ängstigt mich und lässt mich auf Distanz gehen.

Ich zeige meine Grenze. Ich sorge für mich. Und gebe lang nicht alles.

Ich mache Unternehmungen alleine. Ich pflege meine Freundschaften.

Ich lerne, die Unbehaglichkeiten aus dem Kontext herauszulösen. Ich lerne, meine neuen Beziehungen nicht in der Trauer über die alten zu erleben, sondern auch die Chance der Neuheit in der neuen Beziehung zu entdecken.

Ich lerne, mit meiner Schwester eine – nach dem Tod meiner mittleren Schwester – eigene Beziehung zu finden, nicht nur im Elternkontext.

Ich will und werde eine schöne noch verbleibende Zeit mit meinen Eltern haben.

Dafür lohnt es sich, zu geben. So viel es dann gerade geht, nicht alles, aber so, dass ich mich im Spiegel anschauen kann. Und Frieden mit mir selbst finde.

Und dem Klang des rauschenden Wassers und der fließenden Tropfen folge. Bis ins eigene Paradies im Hier und Jetzt.

Die Geburt einer Gynäkologin

Mein Name ist Josephine, ich bin 36 Jahre alt, verheiratet und lebe mit meinem Mann und meinem sieben Monate alten Sohn in einem schnuckeligen Dorf im Rheinland. Nach Jahren des Medizinstudiums und der Facharztausbildung zur Gynäkologin sowie der Promotion haben mein Mann und ich den großen Schritt zum Eigenheim gewagt. Wir haben mit viel Arbeit und Liebe einen Altbau mit großem Garten saniert. Nachdem diese Mühen hinter uns lagen, erwarteten wir letztes Jahr unseren Sohn als ersehntes Wunschkind.

Derzeit befinde ich mich noch in Elternzeit und genieße die Nähe zu meinem Sohn in vollen Zügen. In meiner Situation als frisch gebackene Mama werde ich mit Vielem konfrontiert, was mich gedanklich in meine eigene Kindheit zurückversetzt. So habe ich bereits während meiner Schwangerschaft begonnen, mich mit meiner Beziehung zu meiner eigenen Mutter zu beschäftigen. Meine Mutter und ich haben, seit ich mich erinnern kann, ein eher kühles und distanziertes Verhältnis. Als Kind habe ich das nie hinterfragt. Doch nun, da ich mich selbst mitten im Leben befinde und erst recht in meiner neuen Rolle als Mutter, habe ich den Drang verspürt, mich mit dieser Situation und mit den damit verbundenen Gefühlen auseinanderzusetzen.

Der nachfolgende Brief ist an meine Mutter gerichtet, die zwanzig Jahre alt und gerade in der Abiturvorbereitungsphase war, als sie mit mir ungeplant schwanger wurde. Noch vor meiner Geburt heirateten meine jungen Eltern. Nach meiner Geburt wurden meine Mutter und ich schon früh voneinander getrennt. Denn, um mich und ihre Ausbildung unter einen Hut zu bringen, ging meine Mutter wenige Wochen nach meiner Geburt wieder zur Berufsschule bzw. zum Ausbildungsplatz und meine Großmutter passte tagsüber auf mich auf. Die Zweisamkeit, die uns zu Beginn meines Lebens fehlte, holten wir leider auch nie nach.

Mit meinem Beitrag für dieses Buch möchte ich alle Frauen ermutigen, alles zu geben, nur nicht auf, um ihrem Kind das mitzugeben, was ihnen selbst nicht mit auf den Weg gegeben wurde. Mein Weg als Mutter hat zwar gerade erst begonnen, doch ich bin mir sicher, dass es nie zu spät sein kann, den eigenen Weg zu gehen und sein Kind mit Liebe zu überschütten.

Mama,

erinnerst du dich noch an diesen einen Abend? Ich war vielleicht neun oder zehn Jahre alt. Es war einer dieser Abende, es war wuselig, es war irgendwie verdammt dicke Luft. Und das ist noch gelinde ausgedrückt, du warst sauer und grantig. Das warst du häufiger und nie wusste ich wieso. An diesem Abend habe ich mitbekommen, dass du Papa „angefahren" hast. Es ging darum, dass du dich wieder um alles kümmern musstest und dir keiner half. Daraufhin hat Papa mich gebeten, dass ich schön brav sein sollte und dir schon mal helfen sollte mit dem Tischdecken. Du standest in der Küche und hast gekocht.

Als ich gerade die Schublade aufmachte, um Besteck rauszuholen, standest du neben mir am Herd und hast mit mir geschimpft und völlig aggressiv mit Karacho die Schublade zugeschlagen, obwohl meine Hand noch dazwischen steckte. Du bist völlig explodiert vor Wut.

Mama spinnst du? Was habe ich dir eigentlich getan? Ich wollte doch nur helfen, und jetzt klemmst du mir die Finger in der Schublade ein?

Doch das war noch längst nicht alles. Meine Hand tat weh, aber das war nichts im Vergleich zu dem Schmerz, den du mir danach zugefügt hast. Anstatt zu reagieren und mich zu trösten, hast du noch rumgepoltert, ich sei ja selber schuld, genau dann dazwischenzugehen, wenn du am Kochen seist. Ich würde ja schließlich sehen, dass du dort beschäftigt seist und dass ich besser nicht dazwischenpfuschen sollte. Das hatte gesessen. Ich weiß noch genau, wie schockiert Papa dich angesehen hat, als du das gesagt hast. Ich bin daraufhin weinend auf mein Zimmer geflüchtet. Ich habe diesen Schmerz nicht mehr ausgehalten.

Du hast mich verletzt. Du hast dich nicht um mich gekümmert. Ich war so verletzt und enttäuscht zugleich. Zu spüren, dass du nicht für mich da bist, hat mir den Boden unter den Füßen weggerissen und ich fühlte mich deiner Wut und deiner Laune hilflos ausgeliefert. Mir schnürte es den Magen zu und es machte mir Bauchschmerzen. Es war nicht die Hand, die mir noch wehtat. Das Gefühl saß viel tiefer, und es war unerträglich. Es war das Gefühl, allein gelassen zu werden. Ich fühlte mich hilflos und hatte Angst, Angst davor, alleine zu sein. Ich hatte Angst, von niemandem verstanden zu werden. Ich saß in meinem Zimmer und habe Sturzbäche geweint.

Ich hätte so sehr jemanden gebraucht, der mich wortlos versteht. Jemanden, der mir in die Augen sieht und mich einfach in den Arm nimmt. Jemanden, der mir keine Erklärung abverlangt, sondern einfach nur für mich da ist. Ich wünschte mir jemanden, der sich in meine Situation einfühlt und da ist und mich so lange im Arm hält, wie der Schmerz braucht, um zu vergehen. So lange, bis ich mich nicht mehr alleine und hilflos fühle.

Du hast noch nicht einmal von dir aus eingesehen, dass du mir so weh getan hast. Papa musste auf dich einreden, dass du bitte zu mir hochgehst und dich entschuldigst. Ich habe von oben gehört, wie ihr diskutiert habt. Und dann kamst du zu mir und hast gesagt: „Tut mir leid, dass ich dir die Hand eingeklemmt habe", und dann bist du wieder gegangen. Ernsthaft? Das war's?

Du wirktest sogar eher genervt davon, dich jetzt auch noch bei mir entschuldigen zu müssen.

Ich spürte diesen Druck und die Erwartung deinerseits, dass mit deiner Entschuldigung nun für mich alles wieder gut sein sollte. Ich saß in meinem Zimmer und fühlte mich unter Druck gesetzt. Am liebsten wollte ich mich in meinem Zimmer verkriechen, auf meinem Bett liegen und mich ganz tief in meinem Kissen vergraben.

Wäre ich nun zu dir hinuntergegangen, wäre von mir erwartet worden, dass alles wieder gut ist und alles vergessen ist. Gleichzeitig fühlte ich diese Enge und ich spürte, dass ich raus musste aus dieser Befangenheit. Ich musste raus aus meinem Zimmer, aber auch weg von dir. Die Enttäuschung war einfach zu groß. Und die Angst, wieder nicht verstanden zu werden und wieder einen Schlag in die Magengrube zu bekommen, war zu groß.

Leider begleitet mich dieses Gefühl schon sehr lange und wir haben ständig Reibungspunkte, bei denen ich mich einfach von dir im Stich gelassen fühle. Auch jetzt in meiner Situation als frisch gebackene Mama mit Kind bekommt dieses Gefühl eine besondere Schwere. In dieser Situation brauche ich meine Mama, die für mich da ist und mich versteht. Aber davon bist du weit weg. Es ist, als kämpfe ich mich alleine durch einen Dschungel voller Unbekanntem. Es ist so viel Neues, es gibt so viele Entscheidungen zu treffen. Es gibt Vieles, was mir Sorge bereitet oder mich verunsichert. Da brauche ich dich. Und was machst du? Nichts. Du siehst einfach zu, wie ich mich alleine durchkämpfe. Und wenn ich um Hilfe rufe, rührst du dich nicht. Du setzt noch einen drauf und erzählst mir, warum du gerade Wichtigeres zu tun hast. Du siehst meine Not überhaupt nicht. Stattdessen kommentierst du auch noch meine Sorgen und sagst mir:

„Stell dich nicht so an!" oder „Jetzt ist aber gut!" Ich sage dir, gar nichts ist gut. Solange ich nicht das Gefühl bekomme, von dir wahrgenommen zu werden. Manchmal fühle ich mich überflüssig, habe das Gefühl, dass ich dir eine Last bin. Und auch früher habe ich mich schon oft gefragt: „Bin ich überhaupt gewollt?" Diese Unsicherheit begleitet mich schon mein ganzes Leben. Meine Güte, warum bist du nicht in der Lage, mir das Selbstvertrauen, die Sicherheit und die Geborgenheit zu geben, die ich brauche? Du belädst mich noch zusätzlich mit deiner Unsicherheit. Ich habe gefühlt noch nicht mal ein Zuhause, laufe ganz nackig und frierend umher, ständig nach diesem Zuhause suchend und du lädst auch noch all deine Sorgen und Unsicherheiten auf mich drauf. Mit diesem Gefühl schlage ich mich schon eine Ewigkeit durch. Und ich kann dir sagen, das kostet so enorm viel Kraft.

Ich habe sogar gewisse Verhaltensmuster und Umgangsformen von dir mit in meine Beziehung gebracht. Ja, ich führe eine Beziehung, und zwar eine gute und langjährige, auf die ich auch sehr stolz bin. Vor allem vor dem Hintergrund, dass ich von dir keineswegs gelernt habe, wie man eine Beziehung führt. Jedenfalls hat mich das, was du mir auch noch mit auf den Weg gegeben hast, einmal beinahe meine Beziehung gekostet. Ich habe hart daran gearbeitet, mein Leben lang. Und meine Beziehung konnte ich halten und ernte davon nun langsam die ersten Früchte. Aber der Weg war nicht einfach. Mein mittlerweile vorhandenes Selbstvertrauen habe ich mir mühsam erarbeitet. Ich habe mir ein Netzwerk von wirklich tollen Freunden aufgebaut, die mir das geben, was du mir nie geben konntest. Die mich wortlos verstehen, bei denen ich mich nicht erklären und auch nicht rechtfertigen muss. Freunde, die einfach für mich da sind, ohne Erwartungen an mich zu haben. Die mich einfach in den Arm nehmen, wenn ich es brauche, ohne dass ich drum bitten muss.

Ich frage mich, wie es mit uns wohl weitergeht. Gleichzeitig machen sich eine riesige Enttäuschung und ein Ohnmachtsgefühl in mir breit. Warum? Na, weil ich spüre, dass jeglicher Versuch, dir klarzumachen, was ich brauche, im Keim erstickt wird. Diese Traurigkeit und diese Ohnmacht sind mittlerweile so groß, dass ich mir aktuell keinen anderen Weg vorstellen kann, als meinen Weg ohne dich zu gehen. Ich ertrage dieses Gefühl nicht mehr, von dir im Stich gelassen zu werden, von dir überhaupt nicht wahrgenommen zu werden. Schlimm genug, dass ich mir die Frage stelle, ob ich überhaupt willkommen bin, ob dieses kleine Wesen in dir damals willkommen war. Aber das sind Baustellen, die du mit dir selber ausmachen musst. Du kannst nicht deine Sorgen einfach bei mir abladen und du kannst für die Dinge, bei denen du dir selbst im Wege stehst, nicht mich verantwortlich machen. Du kannst nicht auch noch von mir erwarten, dass ich dich auffange.

Ich bin zur Genüge damit beschäftigt, mir selbst den Zuspruch zu geben, den ich von dir gebraucht hätte. Und nun in meiner neuen Lebenssituation werde ich jeden Tag damit konfrontiert, dass ich meinem Sohn den Zuspruch mitgeben möchte, den er benötigt. Ich möchte ihm das Selbstvertrauen schenken, das er braucht.

Und ich möchte ihn wahrnehmen, ihn ernstnehmen, ihm das Gefühl geben, dass er gewollt und willkommen ist. Ich bin täglich mit der Mammutaufgabe konfrontiert, meinem Sohn das mitzugeben, was ich selbst von dir nie mitbekommen habe und auch nie gelernt habe. Es ist hart und kräftezehrend, diese tägliche Konfrontation mit mir selbst durchzumachen. Doch ich bin mir sicher, dass er weiß, wie sehr er gewollt und willkommen ist. Ich habe oft Selbstzweifel, ob ich genug für ihn da bin. Und ich habe sehr große Angst, ihm das Gefühl zu geben, dass er allein gelassen wird. Es fällt mir oft schwer, mich um Aufgaben im Haushalt zu kümmern, beispielsweise zu kochen, während er neben mir spielt. Ich weiß, dass mein Sohn sich gut selbst beschäftigen kann, doch bei mir schleicht sich einfach oft dieses Gefühl ein, nicht ausreichend für ihn da zu sein. Dieses Laster werde ich wohl nicht so schnell los. Das haben Laster so an sich. Aber ich habe mittlerweile meinen Weg gefunden, damit umzugehen. Und so werde ich meinen Weg gehen und dein Enkel wird ihn auch gehen. Und wenn ich beobachte, welches Selbstvertrauen der kleine Mann mit seinen sieben Monaten schon hat, wenn er beispielsweise bei einer Freundin auf dem Arm ist oder neue Leute kennenlernt, dann geht mir das Herz auf und ich weiß, dass ich schon jetzt einen ganz ordentlichen Schritt in die richtige Richtung gegangen bin. Ich weiß ganz tief in mir drin, dass ich meinem Sohn schon jetzt seinen Grundstein gelegt habe, auf dem er seinen Lebensweg voller Selbstvertrauen und in Geborgenheit gehen kann. Und darauf bin ich sehr stolz. Und peu à peu wird auch das kleine Wesen in mir gesehen werden und sein Zuhause in Geborgenheit finden.

Hanna, 47

Es kommt immer anders, als man denkt

Es kommt immer anders als man denkt

Das ist mein Lebensmotto. Und zum jetzigen Zeitpunkt kann ich mit Fug und Recht behaupten, dass es nicht immer schlechter sein muss; das, was da noch kommt ...

Mein Name ist Hanna und ich bin 47 Jahre alt, geschieden und alleinerziehend mit einem knapp 10-jährigen Sohn. Außerdem sehr glücklich verpartnert in einer zurzeit Fernbeziehung mit einer Frau.

Der Weg hierhin war lang und kurvig. Ich mag Kurven. Geradeaus ist es bis jetzt selten gegangen. Aber von Anfang an:

Ich bin auf einem Bauernhof aufgewachsen. In den 70er Jahren noch klein strukturiert, ein paar Maschinen und viel Handarbeit mit wenig Leuten. Um genau zu sein, meinen Eltern, meiner Oma und uns Kindern. Wir haben arbeiten gelernt: Rüben hacken, Futterrüben ziehen, Heu machen, während andere ins Schwimmbad gefahren sind.

Und es hatte trotzdem etwas von Bullerbü, wenn wir mit meinen Cousins und Cousinen auf dem Strohboden Hütten gebaut haben, in der Wiese „Wohnungen" platt gerollt haben und mit den Kälbchen gespielt haben. Wir waren glücklich – nicht immer, aber unterm Strich war meine Kindheit glücklich.

Meine Eltern haben ihre wenige Freizeit aktiv mit uns verbracht. Tagesausflüge in den Vogelpark Walsrode, Freizeitparks, Flughafenbesuche und im Winter puzzeln.

Im Jahr 1987 wurde ich konfirmiert und meine Oma (85 Jahre) war zu dem Zeitpunkt hochgradig dement und ein Pflegefall. Wir waren ein klassischer Drei-Generationenhaushalt. Sie wohnte auf dem Altenteil. Meine Eltern haben die Hofarbeit erledigt und meine Schwester und ich das Haus geputzt.

Ein paar Wochen später ist meine Oma im Beisein aller Familienmitglieder gestorben. Das war meine erste Erfahrung mit dem Tod. Meine Eltern hatten sich zu dem Zeitpunkt schon oft gestritten. Durch den Alkoholismus meiner Mutter war so manche Situation eher unentspannt. Dazu kamen Selbstmordabsichten. Der erste Versuch, den ich mitbekommen hatte, war, als ich circa acht Jahre alt war. Da holte mich mein Vater ein, als ich auf dem Weg zum Schulbus war. „Mama ist weg, du musst mir helfen sie zu suchen. Das Auto und die Trecker sind noch da! Sie muss auf dem Hof sein." Ich fand sie in dem dunklen Scheunengang mit einem Strick um den Hals. Den Stuhl, auf dem sie noch stand, habe ich erst später gesehen. Ich habe mich immer gefragt, warum sie uns Kinder einfach so im Stich lassen wollte. Zu diesem Erlebnis kamen noch weitere. Der letzte ernsthafte Versuch war, als ich ungefähr 25 Jahre alt war.

Ich muss noch erwähnen, dass meine Mutter schwer krank war. Sie hatte eine Autoimmunkrankheit, die später zum Krebs führte. Sie hat die Lebenserwartung der Ärzte weit übertroffen und ist mit 65 Jahren gestorben.

Dieses vorausgeschickt sollte ich noch erwähnen, dass ich immer sehr gerne „draußen" mitgearbeitet habe, während meine Schwester sich um den Innenbereich gekümmert hat.

Als ich den Realschulabschluss in der Tasche hatte, stand die Berufswahl an. Meine Eltern sagten mir, dass ich etwas „Ordentliches" lernen sollte, keinen landwirtschaftlichen Beruf. Also wurde ich PTA, das Praktikum hatte ich in der 9. Klasse absolviert. Wider Erwarten waren meine Noten sogar besser als in der Schule.

Einige Jahre später wurde in unserem „Bauernblatt" eine Stelle als Au-pair in Irland per Anzeige gesucht. Dort bin ich dann für zehn Monate gewesen. Es war die bis dahin beste Zeit meines Lebens. Ich wurde in jeglicher Hinsicht gefördert und gefordert: Damwildfarm und drei Kinder.

Nach der Heimkehr habe ich meine Nebenerwerbslandwirtin in der Abendschule gemacht, weil ich doch hauptberuflich etwas mit Landwirtschaft machen wollte. Allerdings konnte man mir hier nur etwas über Zuckerrüben und Weizen beibringen. Mit unseren Hektarzahlen war das dann doch keine Option für den Haupterwerb. Also beschloss ich, das Fachabitur nachzumachen. In der Zwischenzeit habe ich in diversen Apotheken gearbeitet und meinen Eltern mit dem Hof geholfen.

Im Jahr 2000 habe ich mein Fachabitur gemacht, mein Vater ist kurz entschlossen in Rente gegangen. Vor der Ernte wussten wir nicht, dass dies nach der Ernte der Fall sein würde. So stand der Weg für mich offen, Landwirtschaft zu studieren. Drei Jahre später belohnte ich mich mit der bestandenen Diplomprüfung mit einem Aufenthalt in Neuseeland, zum Kühemelken auf einer Farm. Ich hatte mein Ziel über Umwege erreicht und konnte hauptberuflich in einem Bereich arbeiten, der zumindest mit Landwirtschaft zu tun hatte.

Mein Privatleben sah bis dahin eher mäßig bis durchwachsen aus. Die erste „Beziehung" hatte ich erst mit 23 Jahren. Ich bin also in jeglicher Hinsicht ein „Spätzünder". Mein Interesse an Männern hielt sich in Grenzen, wobei ich nie wusste, warum das so war. Ich hatte aber auch keine Gefühle für Frauen. Man könnte es vielleicht als Schwärmerei bezeichnen, aber mehr war da nicht, und ich konnte nichts zuordnen. Die erste „Glühbirne" ging mir auf, als sich nach dem Studium eine meiner Kommilitoninnen geoutet hatte.

Da fing ich an zu überlegen. Zu dem Zeitpunkt war ich 30 Jahre alt.

Ich habe allerdings mit mir gehadert. Die Meinung meiner Umgebung war mir wichtig, die Situation für meine Eltern in meinem Heimatdorf. Fakt war: Ich war noch nicht so weit. Worüber ich heute glücklich bin: Ich habe mit meinen Eltern darüber geredet. Sie wussten, dass ich vielleicht so „ticke". Sie haben geglaubt, es wäre eine Phase. Ich habe es dann weggedrückt. Das kann ich gut.

Nach einer weiteren beruflichen Station in Baden-Württemberg lernte ich dann über meine Arbeitsstelle meinen jetzigen Ex-Mann kennen. Er war Landwirt und genau das Gegenteil von meinem Vater. Diesen Wunsch hatte ich immer: Mein Vater erschien mir zu brav. Mein Mann war umtriebig. Wir haben seinen von den Eltern noch bewirtschafteten Betrieb aufgestockt. Nach drei Jahren haben wir geheiratet und ein Jahr später kam unser Sohn zur Welt. Der Weg dahin war auch schwierig. Es ging nur mit dem Kinderwunschzentrum. Der Betrieb forderte uns sehr, dazu kamen Rückschläge mit Krankheiten, schlechte Leistungen, Geldprobleme und zu viel Arbeit.

Als mein Sohn knapp vier Jahre alt war, hatte der Krebs meine Mutter so weit geschwächt, dass sie von heute auf morgen zum Pflegefall wurde.

Hatte ich bin dahin ein eher gleichgültiges bis distanziertes Verhältnis zu ihr, so konnten wir in diesen fünf letzten intensiven Wochen vieles ohne Worte klären. Wir sind zusammengewachsen, wie wir es vorher noch nie waren, auch ohne viele Worte, mit sehr viel Humor und Verständnis füreinander. Mein Vater hat mich bei der Pflege unterstützt – er war 15 Jahre älter als meine Mutter.

Sie ist sehr qualvoll zu Hause gestorben, trotz großartiger ärztlicher Unterstützung. Unser Hausarzt meinte, das würden nicht viele Familien so durchziehen. Mein Vater ist dann ein halbes Jahr später gestorben. Der Hof war nicht zu retten und wurde verkauft.

Mein Mann und ich wurden immer unzufriedener in unserer Beziehung. Ich habe mich gefühlt, als sei ich eine Maschine. Es gab nur Arbeit für mich. Wenn ich nach Hause kam, dann wollte unser Sohn versorgt werden, während mein Mann sich seine „Auszeiten" nahm. Das war zumindest mein subjektives Empfinden. Wir trennten uns relativ einvernehmlich. Mein Mann zog aus der gemeinsamen Wohnung aus, während ich blieb, weil unser Sohn nicht zu viel Stress bekommen sollte.

Ein Jahr später war mein Ex-Mann wieder verpartnert und ist weggezogen. Ich hatte eine neue Arbeitsstelle und etwas Zeit für mich. Meine Gedanken kreisten etwas darum, woran unsere Beziehung wirklich gescheitert war. Wollten wir beide nur das heile Welt-Bild nach außen: verheiratet, Kind, Betrieb? Ich bin kein Typ, der aufgibt, aber auch ich hätte die Beziehung aufgegeben, weil es einfach nicht ging. Wir waren beide unglücklich.

Nach ein paar Monaten entschloss ich mich, eine Partnerbörse aufzusuchen. Für Frauen, die Frauen suchen. Um vielleicht besser zu verstehen, warum es mir so schwerfiel, mich zu outen: Ich arbeite in einer Männerdomäne. Davon abgesehen, dass dort die Frauen immer noch unterbezahlt sind, ist der „Stand" sowieso schon schwer.

Ich bin ehrenamtlich Vorsitzende eines Landfrauenortsvereins. Das Landleben ist sehr katholisch geprägt. Klatsch und Tratsch hält das Dorfleben auf Trab. Eine Lesbe ... wäre ein Skandal, ein Unikum? Ich weiß es nicht.

Ich habe eine kurze, intensive Beziehung zu einer Frau gehabt. Im Zuge dessen habe ich mich bei meiner Schwester, guten Freunden und meinem Ex-Mann nebst Ex-Schwiegereltern geoutet. Das war schwer. Die Reaktionen konnte ich nicht voraussehen. Ich bin bis jetzt positiv überrascht worden.

Die Beziehung hat nicht lange gehalten, was absehbar war, da wir zu verschieden waren. Aber ich habe mein Glück gefunden! Mein Sohn akzeptiert es. Ich habe natürlich Angst davor, dass er gemobbt wird, wegen seiner lesbischen Mutter. Aber ich glaube, er würde sich wehren. Es ist schön für mich, zu sehen, dass es total normal für ihn ist. Ich habe versucht ihn so gut es geht darauf vorzubereiten, schon vor meiner ersten Beziehung.

Was ich gerne weitergeben möchte:

Mein Leben ist sowohl beruflich als auch privat mit vielen Umwegen gepflastert. Ganz ehrlich: Ich hätte es nicht anders haben wollen. Ich war nicht eher bereit für mein privates Glück als jetzt mit 47 Jahren.

Ich habe meinen Frieden gemacht mit dem qualvollen Tod meiner Mutter, mit dem Verlust meines Elternhauses und mit dem Scheitern meiner Ehe.

Ich konnte auf meinem Weg so viel erleben und bin definitiv reifer geworden durch meine Auslandsaufenthalte. Diese haben mich bestärkt, dass ich es immer schaffen werde, egal wo und wie. Ich werde niemals aufgeben.

Kennen Sie das Bild vom Storch und dem Frosch, der schon im Schlund des Storches steckt und krampfhaft den Hals des Storches zudrückt, um vielleicht doch zu überleben?

Der Versuch lohnt sich.

Ich werde in naher Zukunft noch einige Widrigkeiten zu meistern haben: Umzug in meine Heimat, weil meine Lebenspartnerin daherkommt, Kampf für das Aufenthaltsbestimmungsrecht meines Sohnes, damit er bei mir bleiben kann, auch wenn der Vater sich dagegen wehrt, neue Arbeitsstelle, immer wieder neue Outings.

Es kommt immer anders, als man denkt ... aber es wird das, was wir daraus machen.

Positiv bleiben und denken ...

Amanda, 43

Schätze Dich selbst –
Du bist es wert!

„Der kreative Geist darf endlich leben"

Meine drei Berufe erfüllen mich heute mit Stolz. Mein Lebensmotto: Schätze Dich selbst – Du bist es wert!

Hallo zusammen – mein Name ist Amanda – ich möchte Euch gerne von mir berichten. Von meinem persönlichen Erlebnis im Leben und meiner „Lebenskrise", die ich gerade durchmache. Ich denke jeder von uns hat wichtige Einschläge im Leben, die einen prägen, beeinflussen und zu dem Menschen machen, der man ist.

Mein Wendepunkt im Leben: Der Suizid meines Vaters. Dieser Wendepunkt liegt bereits über 20 Jahre zurück, hat jedoch meinen Start in die Berufswelt und meine persönliche Situation bis heute stark beeinflusst.

Es war nicht leicht, diesen besonderen Weggang eines geliebten Menschen hinzunehmen. Da ich an einem Punkt im Leben bin, an dem ich meinen Vater sehr vermisse und ihn sehr gebraucht hätte, schreibe ich ihm einen Brief - über mein Leben nach seinem Tod.

Aber lest selbst:

***

Hallo lieber Papa,

ich schreibe Dir hier, weil ich Dich sehr vermisse und im Moment brauche.

Seit Deinem Weggang 1997 ist viel passiert – ich bin mittlerweile 43 Jahre alt, verheiratet mit Arturo und Mutter von zwei süßen Kindern, die beiden Jungs sind zehn und sieben Jahre alt. Durch Deine Entscheidung, die Welt zu verlassen, ist für unsere Familie damals – Mama, Anastasia und mich – ein Wendepunkt eingetreten.

Alles hat sich verändert: „Vorher – Nachher", so habe ich lange Zeit gelebt.

Du hast uns da ganz schön etwas angetan. Zurückgelassen hast Du uns, Mama, Anastasia und mich. Traurigkeit, Angst und Orientierungslosigkeit hast Du mir hinterlassen. Schade, dass Du keinen anderen Weg gefunden hast, denn ich vermisse Dich seit diesem Tag sehr – den lustigen, liebevollen Vater – meinen Anker im Leben. Doch ich kann Dir verzeihen, weil ich heute verstehe, wie verzweifelt Du gewesen sein musst. Für mich habe ich entschieden, dass ich kämpfen möchte. Ich lebe gerne und habe Visionen, die mich antreiben.

Stell Dir vor, ich habe einen Tiefpunkt in meinem Leben erreicht – ich wollte zu Dir. Ich dachte, Du seist mutig, aber ich weiß jetzt, das warst Du nicht. Mutig ist es, sich der Situation zu stellen – zu sagen, mir geht es schlecht, und sich einzugestehen, dass man Hilfe braucht. Diese Hilfe muss man sich auch holen – ich habe es getan. Ich arbeite daran, dass es mir und meiner Familie besser geht, und wir sind auf einem guten Weg.

Mir ist es wichtig, Dir zu schreiben, wie mein Leben weiterging – ohne Dich. Und es ging weiter – erst war es sehr schwer und man funktionierte nur. Doch tatsächlich gingen auch neue Türen auf. Es kam Veränderung in unser Leben. Jede von uns ist wieder aufgestanden – jede auf unterschiedliche Art.

Anastasia ist nach Schottland gegangen, sie hat sich dort in Edinburgh niedergelassen und eine Familie gegründet. Dort ist sie auch beruflich interessante Wege gegangen, Du wärest auch sehr stolz auf Anastasia. Kurios: Genau in dem Jahr ist Arturo zu mir nach Deutschland gekommen.

Mama hat das Leben wieder in die Hand genommen, sie hat das Haus verkauft und sich ihren Traum von einer Wohnung in Hamburg erfüllt. Sie ist umgeben von vielen Freunden und sieht dem Leben positiv entgegen.

Mit Anfang 20 bin ich nach Ecuador geflogen, um mir über eine Liebe, die mir nicht mehr aus dem Kopf ging, klar zu werden.

Du hast Arturo auch noch kennengelernt – bei unserem Abschlussball von der Tanzschule, als ich 15 Jahre alt war. Tatsächlich habe ich den Mut aufgebracht, ihn nach fünf Jahren – der Kontakt bestand lediglich aus Postkarten zu Weihnachten – in Ecuador zu besuchen. Es war ein verrücktes Unterfangen, wusste ich doch am Ende gar nicht so viel über Arturo und seine Familie. Jedoch bin ich einfach meinem Bauchgefühl gefolgt und ein Risiko eingegangen. Ich schickte einen Brief nach Quito: „Hast Du im Dezember Zeit? Ich würde Dich gerne zwei Wochen besuchen?" Er antwortete mir: „Gerne – komm vorbei, ich organisiere uns eine unvergessliche Reise durch das Land." Gemacht – getan. Die Tickets wurden gebucht und los ging es planmäßig im Dezember. Es war megaaufregend. Kannte ich von unseren Familienurlauben lediglich den Schwarzwald und Bayern, fand ich mich in einem fremden Land wieder – nein, sogar ein fremder Kontinent, eine fremde Familie und eine fremde Sprache!

Als ich mich auf dem beeindruckenden Landeanflug zum Flughafen Quito – mit Blick auf die weitlaufenden Anden – befand, habe ich nur gedacht: „Das hätte ich wahrscheinlich vorher nie gewagt!?" Doch die Bedenken waren völlig unbegründet. Mein Mut wurde auch hier belohnt: Arturo und ich, wir mochten uns auf Anhieb und aus uns wurde ein Paar.

Du siehst, es haben sich für jeden von uns Türen geöffnet – wir haben sie gesehen und sind sie durchschritten. Es gab wieder Licht am Ende des Tunnels – es wurde sogar Sonnenschein daraus.

Stell Dir vor, ich habe drei Berufe gelernt! Was würdest Du dazu sagen? Du hast von Dir selbst häufiger gesagt: „Ich kann vieles, aber nichts richtig." Wie oft habe ich daran gedacht, als ich mich auf den Weg in die Berufswahl gemacht habe. Genauso fühlte ich mich auch immer.

Die erste Wahl meiner drei Berufe hast Du noch mitbekommen – ich habe mich für eine Ausbildung als Krankenschwester entschieden. Als ich im ersten Ausbildungsjahr war, hast Du Dich von uns für immer „verabschiedet" oder soll ich besser sagen: Du hast Dich einfach aus dem Staub gemacht? So hat es sich jedenfalls angefühlt. Das war ein echt harter Schlag. Während meiner Ausbildung ist mir auch der Tod und viel Leid begegnet. Das wollte ich loswerden. Das hat mich nach meinem Abschluss belastet, den ich pflichtbewusst absolviert habe – denn das habe ich von Dir gelernt: Was man anfängt, zieht man auch durch. Sicherheit und Stabilität gehen vor! So habe ich meine Rolle als brave Tochter weitergespielt, denn in meinem Unterbewusstsein war es mir unheimlich wichtig, Dir zu gefallen und Deine Werte zu erfüllen.

Ich wollte mich beruflich verändern. Der Entschluss, etwas anderes zu machen, hat mich positiv gestimmt – es sollte die düsteren Gedanken vertreiben. Doch was kommt jetzt? Was könnte ich tun? Ich wollte etwas machen, was mir Spaß macht. Nach einigen Recherchen, welche Berufe es noch so gibt, bin ich auf etwas Kreatives gestoßen – die Innenarchitektur. Sich mit schönen Dingen beschäftigen – Farben, Materialien, Einrichtungsstilen sowie Architektur – das ließ mein Herz höher schlagen.

Kein grau in grau mehr – ich wollte bunt!

Für die Aufnahmeprüfung an der FH in Düsseldorf brauchte ich eine Mappe mit kreativen Werken. Von meinem Umfeld hörte ich: „Da braucht man sich gar nicht bewerben – da ist es ganz schwer aufgenommen zu werden." Ich hatte dann auch Zweifel – aber ein Versuch war es ja wert – ich konnte ja nichts verlieren.

Somit arbeitete ich einige Wochen und Monate an meiner Zusammenstellung der Mappe. Wie schon oft, schob ich die Aufgaben vor mir her und wartete bis auf den letzten Drücker. Dann kam der Abgabetermin immer näher. Mir fehlten noch zwei von zehn Bildern. Panik stieg in mir auf, dass ich es nicht rechtzeitig schaffen würde – aber dann hatte ich eine Idee.

Du hattest doch eine Kunstmappe mit künstlerischen Arbeiten von Dir – die lag noch wohl verstaut bei uns im Keller. Ich stöberte sie durch – holte mir die ein oder andere Idee und schummelte zu guter Letzt als „I-Tüpfelchen" und Glücksbringer eines Deiner Werke meiner eigenen Mappe hinzu. Mit gutem Ergebnis:

Die Eignungsprüfung habe ich bestanden und konnte an meinem Wunschstandort Düsseldorf das Studium der Innenarchitektur beginnen.

Ich muss sagen, ich war mächtig stolz, dass ich es geschafft hatte, aufgenommen zu werden. Und das mit Deiner Hilfe! Das fühlte sich so gut an, als wärst Du bei mir gewesen.

Das Studium verlief mit einigen Aufs und Abs. Es fiel mir sehr schwer, mich zu positionieren und dem andauernden kreativen Druck Stand zu halten. Ich hatte immer das Gefühl, nicht gut genug zu sein – nicht genau genug – nicht kreativ genug. Mich haben viele Selbstzweifel geplagt – ich war zweimal kurz davor, das Handtuch zu schmeißen. Mein Mann und eine gute Studienkollegin haben mich immer wieder aufgebaut – wir haben uns gegenseitig unterstützt und am Ende unser Diplom in den Händen gehalten.

Ein halbes Jahr bevor ich das Diplom abschließen sollte, machte ich mir wieder einmal Gedanken über die Zukunft. Ich hatte das Gefühl, dass ich diesen Beruf nicht weiter ausüben könne – ich war der Meinung, nicht gut genug, nicht kreativ genug, nicht ausdauernd genug zu sein. Mir machte die Vorstellung Angst, zu versagen. Meine Vernunft sagte mir, ich müsse nun einen Job finden, der mir Stabilität und Kontinuität gibt. Geld verdienen und Sicherheit sollten nun im Vordergrund stehen. Nach einigen Überlegungen kam ich zu der Erkenntnis, dass eine Banklehre das Richtige sein könnte. Zu dem Zeitpunkt war ich 27 Jahre alt – eine Ausbildung zur Krankenschwester und ein Diplom der Innenarchitektur in der Tasche. Ich kam mir reichlich verrückt vor und traute mich kaum, darüber zu sprechen. Mir ging ständig durch den Kopf: „Was denken nur die anderen von mir?" – „Die kann sich aber auch nicht entscheiden", hörte ich sie sagen. Tatsächlich schämte ich mich dafür, so unbeständig zu sein!

In dieser Zeit war Mama – wie schon so oft in meinem Leben – meine Verbündete, sie hat zu mir gestanden und meine Entscheidungen unterstützt.

Als dritte Berufung fand ich eine Ausbildungsstelle im kaufmännischen Bereich und konnte in nur zwei Jahren meine Ausbildung zur Kauffrau für Bürokommunikation mit Zusatzqualifikation Banken und Business-Englisch in einer renommierten Privatbank absolvieren. Ich glaube, Du wärst stolz auf mich gewesen, dass ich alle Berufe abgeschlossen habe. Mich erfüllt es heute auch mit Stolz – ich habe meinen Weg bis hierhin gut geschafft.

Nach der Ausbildung bin ich in der Bank geblieben und habe dort viele berufliche Erfahrungen gesammelt, aber richtig ist der Funke in der Finanzwelt bei mir nie übergesprungen. Arturo und ich haben zwei wundervolle Kinder bekommen. Nach der Geburt unseres zweiten Sohnes bin ich nach der Elternzeit in eine neue Rolle gerutscht. Von einer Assistenztätigkeit zu einer eher selbstgesteuerten Position. Die Arbeitswelt hatte sich in der Firma stark verändert. Bisher habe ich mich beruflich eher treiben lassen und auch vieles dem Zufall überlassen, als aktiv selbst zu überlegen, wo meine Stärken und Schwächen liegen und was mich zufrieden macht.

Mich umtrieben Zweifel, als ich den Job annahm – die Tätigkeit erfüllte mich mit Skepsis – dennoch hatte ich für mich gute Gründe, den Job anzunehmen: Mich überzeugten das Team und die Menschen, die ich teilweise sehr gut kannte. Ein gewohntes Netzwerk, das gibt mir Sicherheit, und mir sind die Menschen sehr wichtig, die mich umgeben. Doch der Job macht mich nicht glücklich. Die Finanzwelt erschließt sich mir nie wirklich – mich langweilen die Meetings – meine Gedanken driften ab. Ich habe Schwierigkeiten, mich mit der Materie zu identifizieren. Ich merke, dass mir vieles schwerfällt – mich kostet es jeden Tag aufs Neue wahnsinnig viel Kraft. Das kann es doch nicht gewesen sein, oder?

Weil ich mich verändern und sicherer in meinem Job fühlen möchte, spreche ich meine Chefin auf meine Defizite an – ich möchte mich verbessern. Ich gebe mir selbst eine Chance und nehme mir privat einen Business-Coach, um meine Ziele zu erreichen. Wir erarbeiten Themen – ich sehe Verbesserung – meine Chefin auch. Doch die Zufriedenheit stellt sich nicht ein – ich fühle mich nicht besser – es läuft mir nach wie vor nicht von der Hand, so wie ich es mir vorstelle.

Parallel zu dem beruflichen kommen einige private Sorgen hinzu: Schwere Erkrankung meiner Freundin, Trennung eines eng befreundeten Paares und zunehmende Verhaltensauffälligkeiten unseres jüngeren Sohnes, die mich sehr belasten.

Nach einem weiteren Jahr wird mir klar, dass ich mich verändern muss – sonst macht es mich krank. Eigentlich bin ich schon krank – ständige Traurigkeit, Ängste, Gefühle von Nutzlosigkeit und ständigem Selbstzweifel begleiten mich. Ich bin am Ende und völlig erschöpft – ein Schatten meiner selbst. Das kann so nicht weitergehen. Ich entscheide mich, ein Jahr Elternzeit zu nehmen, der Kleine ist sechs Jahre alt. Doch dazu kommt es gar nicht mehr. Meine Firma bietet ihren Mitarbeitern Aufhebungsverträge an – ich nehme an. Die Entscheidung tut wahnsinnig gut.

Der Befreiungsschlag ist getan – es ist mir verdammt schwergefallen, nach 15 Jahren der Firma den Rücken zu kehren. Gute Konditionen, gute Kollegen und ein funktionierendes Netzwerk. Ich gebe meine Stabilität auf, meinen Anker – so empfinde ich es jedenfalls in dem Moment.

Aber jetzt fühlt es sich gut und richtig an. Jetzt bin ich bald vier Monate zu Hause, ohne den Druck der Arbeit zu spüren, und es ist gerade vollkommen ok für mich, nicht zu arbeiten.

Es gibt auch genug zu tun – die ganze Welt wirbelt gerade durcheinander – Du hast hier schon einiges verpasst.

Corona – der neue Virus, der auf der Welt grassiert und unser aller Leben durcheinandergebracht hat. Im Moment konzentriere ich mich auf das Familienleben, mein Wohlbefinden und die Suche nach dem richtigen Job.

Und hier bin ich auch absolut zuversichtlich: Denn ich habe schon Ideen in meinem Kopf und die fühlen sich auch gut an. Ich möchte meine drei Berufe nutzen, um weiterzukommen – denn der Weg, den ich gegangen bin, war sicherlich nicht umsonst. Die Kombination wird mir jetzt von Nutzen sein – ich spüre, dass sich hier etwas auftut. Im Moment lasse ich mich noch einen Moment treiben und das lasse ich jetzt auch einfach einmal zu. Kräfte sammeln und wissen, wo man hinwill – die klare Linie in meinem Leben. Ich spüre, dass ich das schaffen werde – man muss etwas dafür tun und verändern, aber ich bin überzeugt davon, dass es sich lohnt.

Es geht weiter und darüber bin ich froh.

Du wirst immer ein Teil meines Lebens sein, Papa – Du gibst mir weiterhin Kraft – egal wo Du jetzt bist.

Danke für die schönen Erinnerungen mit Dir.

Deine Tochter Amanda

***

Liebe Leserinnen, das ist meine persönliche Geschichte – es ist unglaublich, was das Schreiben mit mir gemacht hat.

Emotionen wurden freigesetzt: Heiße Tränen bis hin zu großem Stolz sowie Überraschung über mich selbst haben sich in meinem Herzen ausgebreitet. Mir persönlich hat dieses Erlebnis zu schreiben meine eigene Wertschätzung zurückgegeben. Ich kann jedem von Herzen mit auf den Weg geben: „Schätze Dich selbst – Du bist es wert."

Es fühlt sich gut an, dies mit Euch geteilt zu haben.

Eure Amanda

Britta, 50

Mein Lebensweg skizziert

Mein Lebensweg skizziert

Lilie

Die Lilie steht für Erneuerung, für Reinheit, Fruchtbarkeit, Wiedergeburt. Die Gefühle: stark, fröhlich, stolz und doch manchmal kraftlos 2021 – und die Erkenntnis: Die Blume muss gut gepflegt werden

Hier kommt die Blüte zum Vorschein, doch die Schatten sind noch da. Schatten der Vergangenheit tauchen immer mal wieder auf in Form von Energielosigkeit, Nervosität, Unruhe. Warum ist das so? Es macht mir Angst, es beunruhigt und schwächt mich.

Ich mache mich auf den Weg, erneut genau hinzuschauen: Was ist mir zu viel? Was kann ich leisten, was will ich leisten, was muss ich leisten? Ich sortiere den Alltag, arbeite weniger und mit mehr Struktur. Ich schaffe mir Freiräume und male viel.

Und ich lerne: Ich muss mich besonders gut um mich selbst kümmern. Mein angelerntes Stress-Level ist hoch, daher muss ich Anzeichen für Überforderung erkennen lernen und gut damit umgehen. Konflikte mit anderen spreche ich an und Dinge lösen sich. Jeder Kraftakt, sich damit auseinanderzusetzen, lohnt sich – denn da ist Licht am Ende des Tunnels. Ich weiß jetzt, warum ich was brauche. Ich kann blühen.

Bild Verzweiflung

Steht für tiefes Loch – Sinnlosigkeit, wofür alles noch? Ich bin einsam und verloren.
2001 – Gefühle: kraftlos, hoffnungslos, einsam, verloren, verlassen

Ich bin gefallen, kraftlos, ich habe keinen Mut mehr, sehe keinen Sinn. Meine Mutter ist gestorben und ich verliere den Boden unter den Füßen. Eine Depression. Alle sind so weit weg, das Leben ist so schwer geworden. Fliege ich nach New York, steige ich in dieses Flugzeug oder liefere ich mich selbst in die Psychiatrie ein? Ich steige in das Flugzeug, aber habe keine Hoffnung ... Es dauert, bis ich wieder stabil bin. Langsam, mühsam, ohne Perspektiven, meine schwerste Zeit.

Bild Underneath

Steht für Kindheit – Wurzeln, Einsamkeit und doch wächst etwas
1981 – Gefühle: einsam, traurig, ängstlich, verunsichert

Es ist hell und doch dunkel, ich bin frei und doch gefangen. Ich irre umher, denn ich bin anders. Alle um mich herum scheinen zufrieden. Was ist nur mit mir los? Stört euch die Dunkelheit nicht? Ich brauche Trost, ich will nicht alleine schlafen.

Hört mich denn niemand? Warum seht ihr mich nicht? Um mich herum sind alle bedürftig. Außer uns vieren gibt es niemanden. Keine Vertrauten, keine Großeltern. Besser geht es nicht. Ich bekomme das Notwendige und doch fehlen mir so viele notwendigen Dinge! Das ist meine Prägung, das sind meine Wurzeln, das liegt mir zugrunde (underneath), spürbar in allen Gefühlen und allen Erfahrungen. Ich bin Kind.

Bernhardine, 57

Warum es gut ist, als Frau auf dieser Welt zu sein – Vom Leben und Sterben

Darf ich leben?

Soll ich leben?

Muss ich leben?

Meiner Geburt gingen drei Fehlgeburten voraus. Nach meinem Gespür sind das Jungen, damit also meine Brüder, die alle nicht ins Leben gefunden haben. Mir hilft es, ihnen ein Geschlecht zuzuordnen, damit wird meine Beziehung zu ihnen deutlicher. Meine um ein Jahr und neun Monate ältere Schwester Johanna war das erste lebende Kind meiner Eltern und ich dann das zweite lebende Mädchen.

Meine beiden großen Brüder starben als Fehlgeburt im Leib meiner Tante Lisbeth. Sie war die erste Frau meines Vaters. Eigentlich würde man diese beiden Jungen als meine Halbbrüder bezeichnen. Ich möchte sie aber Dreiviertel-Brüder nennen, damit ich der Besonderheit, dass die erste Frau meines Vaters die Schwester meiner Mutter ist, auch Rechnung tragen kann.

Nachdem meine Tante Lisbeth einen Tag nach der letzten Fehlgeburt im Juni 1959 völlig unerwartet starb, heiratete mein Vater die vierte Schwester von Lisbeth, meine Mutter. Der Altersunterschied lag bei 13 Jahren. Meine Großväter waren sich einig, dass es für meinen Vater nicht gut sei, wenn er als 33-jähriger Witwer alleine bleiben würde, zumal es auf dem Bauernhof dringend eine Frau brauchte, um die ganze Hof- und Stallarbeit mit zu erledigen und um meine väterliche Großmutter, die halbseitig gelähmt war, zu pflegen.

Mein Vater heiratete sodann unter Befürwortung der Kirche schon zehn Monate nach dem Tod von Lisbeth meine Mutter. Sie erlitt im zweiten Ehejahr ihre erste Fehlgeburt, meinen dritten Bruder.

Ich wurde 1964 im Krankenhaus geboren. Meine Mutter hatte eine Woche Erholungsurlaub auf der Wöchnerinnen-Station. Sie selbst bezeichnete es als ihren einzigen Urlaub, den sie dann noch weitere drei Mal bei den Geburten meiner nachfolgenden Geschwister genießen konnte. Im Krankenhaus habe ich es dort trotz „Packe" (die Säuglinge wurden damals in Tüchern fest eingewickelt, damit es sich dort so anfühlen möge wie die Enge im Mutterleib) wohl schön gefunden, denn ich hatte die ganze Aufmerksamkeit meiner Mutter, wenn ich alle vier Stunden zum Stillen gebracht wurde.

Als meine Mutter mit mir nach Hause kam und ich ins Kinderbett des Elternschafzimmers gelegt wurde, teilte ich die Aufmerksamkeit meiner Mutter mit meiner halbseitig gelähmten Oma, meinem hinkenden Opa (Kriegsverletzung aus dem Ersten Weltkrieg), meiner eineinhalbjährigen großen Schwester und der nie zu Ende gehenden Arbeit auf dem Hof. Sie stillte mich weiterhin alle vier Stunden und das war meine Zeit mit ihr. Die beste und wärmste überhaupt.

Wenn ich mich eingeengt fühle bzw. über mich unfreiwillig bestimmt wird, bekomme ich noch heute sofort Angst, sogenannte Platzangst. Meine Atmung wird total flach und mein erster Impuls ist, dass ich um mich schlagen möchte, um mich aus der Enge zu befreien. Es ist wohl die Angst, dass mir mein Platz in diesem Leben wieder genommen wird. Den Zusammenhang mit der „Packe" als Säugling erkenne ich erst jetzt hier beim Schreiben.

Mir fällt es nicht schwer, an der Schwelle zum Tod zu leben. Es ist so, als ob ich da die Nähe der Toten empfinde, und die ist überhaupt nicht beängstigend, sondern dort ist mein Platz. Es ist eher schwer, mein Leben wirklich als meines zu leben. Mir half in der Mitte meines Lebens, dass ich eine Rückschau in meine Familiengeschichte getan habe und mich mit all den früh Verstorbenen beschäftigt habe. Ich also angefangen habe, mir meiner eigenen Gefühle ihnen gegenüber gewahr zu werden und nicht mehr die Gefühle zu übernehmen, die mir meine Familienangehörigen beim Erzählen über die früh Verstorbenen dazu vermittelt haben.

Und welche Auswirkungen der frühe Tod dieser Menschen auf mich hatte, ist mir dabei bewusst geworden und hat als Folge einen heilsamen Prozess für mein weiteres Leben ausgelöst. Und darum möchte ich sie alle hier nochmal erwähnen:

Es gibt noch ein weiteres Geschwisterkind, das nicht ins Leben gefunden hat, das ist der Jüngste unserer Geschwisterreihe. Nach meinem Gefühl wieder ein Junge. Meine Mutter hat damals 1977 sehr, sehr viel Blut bei seiner Frühgeburt verloren. Ich habe große Angst um ihr Leben gehabt.

Und die hatte ich schon 1970. Da starb eine weitere Schwester meiner Mutter. Diese meine weitere Tante hat damals sieben kleine Kinder hinterlassen. Mich hat der Schmerz als Sechsjährige um diese sieben von der Mutter verlassenen Cousinen und Cousins so sehr geängstigt. Ich hatte solch eine Panik, dass auch meine Mutter sterben würde. Zumal am Tag der Beerdigung dieser Tante meine jüngste Schwester als Eineinhalbjährige ein Plastik-Stück verschluckte, weshalb meine Eltern mit meiner kleinen Schwester zwei Stunden, nachdem sie von der Beerdigung zurück nach Hause kamen, wo wir Geschwister sehnsüchtig auf unsere Eltern warteten, mit meiner kleinen Schwester im Arm mit Vollgas ins nächste Krankenhaus fuhren. Meiner kleinen Schwester konnte zum Glück das dumme Plastik-Ding aus dem Hals entfernt werden. Sie hatte fortan eine ganze Zeit lang schreckliche Angst vor weißen Kitteln. Meine Eltern blieben die ganze Nacht bei meiner Schwester im Krankenhaus und kamen erst morgens früh zum Melken nach Hause. Meine Schwester konnten sie gegen Mittag aus dem Krankenhaus holen.

Dieses Drama, was ich als Sechsjährige erlitt, war schlimm. Ich erachtete aber mein Drama nicht als so schlimm, sondern litt einfach nur still mit meiner Mutter, meiner kleinen Schwester und meinen Cousinen und Cousins mit. Ich fühlte, was sie fühlten, und passte mich über Gebühr an. Pflegeleicht trifft es ganz gut. Gleichwohl war das immer noch besser, als meine Panik zu fühlen, die niemand in meinem Umfeld verstand bzw. sah, um mir zu helfen, damit fertig zu werden.

Als ich meine Familiengeschichte in meiner Lebensmitte nach weiteren früh Verstorbenen in meinem Genogramm (erweiterter Familienstammbaum) untersuchte, erfühlte ich erstmals auch den Tod meiner nur vier Tage alt gewordenen Tante Elisabeth nach. Es war wohl ein sogenannter plötzlicher Kindstod. Meine väterliche Familie überwand das niemals. Es war ein ungeschriebenes Gesetz, nicht über sie zu sprechen. Es war die kleine Schwester meines Vaters. Er selbst war damals sechs Jahre alt, als er das miterlebte. Auf dem Hof, auf dem diese kleine Schwester geboren und nach vier Tagen im Juni 1932 starb, verbrachte ich meine gesamte Kindheit und Jugend.

Einer meiner Onkel, der einzige Bruder meines Vaters, starb 18-jährig in einem Kriegsgefangenenlager in der Ukraine. Ebenfalls ein schrecklicher Verlust auf der väterlichen Seite. Der einzige Bruder meines väterlichen Großvaters hieß Wilhelm. Es war sein Zwillingsbruder. Er wurde nur drei Wochen alt. Auch er lebte und starb auf diesem Hof.

Noch eine weitere Schwester meiner Mutter starb ebenfalls sehr früh. Sie hieß Agnes und starb an einer Blutvergiftung zwei Wochen, bevor sie 13 Jahre alt wurde. Meine Mutter war damals acht Jahre alt. Erst kürzlich – als in unserem Dorf ein Kind in fast gleichem Alter starb – konnte meine Mutter, 82-jährig, ihre

Trauer um ihre ältere Schwester Agnes mir gegenüber ausdrücken, was mir half, auch diese, meine Tante, zu betrauern.

Der Vater meiner Mutter und somit auch der doppelte Schwiegervater meines Vaters (also mein mütterlicher Großvater Franz) starb mit 56 Jahren. Er starb noch zwei Monate vor der Eheschließung meiner Eltern. Er fehlte sehr. Er hatte einen Sohn und sieben Töchter, die ihren Vater viel zu früh verloren. Meine Mutter war damals 21 Jahre alt.

Als ich im selben Alter war, starb auch mein Vater und hinterließ uns fünf Geschwister. Das war ein Schlag, von dem ich mich über einen Zeitraum von 35 Jahren zu erholen versuchte. Die letzten zwölf Jahre ist mir das mehr und mehr gelungen. Mein Vater wurde 60 Jahre alt.

Auf der Großeltern-Ebene gibt es noch weitere Verluste, Zwillingsbrüder meiner mütterlichen Großmütter und eine nur eineinhalb Jahre alt gewordene Großtante von mir, die den gleichen Namen trägt wie ihre Mutter, nämlich Ludovika. Auch der Vater meines Großvaters Franz starb früh. Da war er erst drei Jahre alt. Da werden wohl seine Mutter und seine großen Schwestern und sein 20 Jahre älterer Bruder den Nachkömmling aufgezogen haben.

Und ich selbst verlor unser zweites Kind. Es war während der Vorbereitungen zur Hochzeit meiner jüngsten Schwester. Ich spüre ihn als Jungen. Ihn konnte ich im Krankenhaus nach der anschließend vorgenommenen Ausschabung sehr beweinen, denn eine wirklich freundliche Ärztin kam eigens an mein Bett, um mich zu trösten. Ich kaufte mir einige Wochen vor der Hochzeit einen schönen grünen Rock mit Gummizug. Am 16. August 1994 verlor ich unser Kind. Bei der Hochzeit Anfang September trug ich den Rock und musste den Gummizug nicht wie gedacht weiter, sondern enger stellen, damit er nicht rutschte. Das Datum der Fehlgeburt kann ich nicht vergessen, denn – das hat das Kind klug eingefädelt – es ist zugleich der Hochzeitstag von meinem Mann und mir.

In der Mitte meines Lebens ließ ich mich zur Sterbe- und Trauerbegleiterin ausbilden. Das war eine Wohltat. Mit meiner systemischen, familienbiografischen Ausbildung komplettierte ich mein Ausbildungsspektrum, weshalb ich heute wirklich sinnerfüllt Menschen in Krisen- und Umbruchzeiten von Herzen aus begleite.

Ich bin dem Leben sehr dankbar, dass ich den vielen früh Verstorbenen endlich meine Gefühle schenken konnte, indem ich sie würdevoll im Rahmen meiner jahrelangen familienbiografischen Arbeit in den Blick nehmen konnte. Sie wollen, dass ich lebe, und ich bin versöhnt mit ihrem frühen Sterben. Und es ist deshalb auch völlig in Ordnung, mich mehr in mein Leben zu wagen, anstatt immer noch in ihrer Nähe (auf meinem Platz an der Schwelle zum Tod) zu verweilen.

Allen gemeinsam bin ich dankbar für **mein Leben als Frau**, dass ich sinnerfüllt mit eigenen Kindern, meinem Mann, einer großen Herkunftsfamilie, einem erfüllenden Beruf und im Angesicht des Segens der Verstorbenen führen darf.

Also ist die Antwort auf meine Eingangsfragen: Dass mir mein Leben geschenkt wurde und es meine Aufgabe ist, die Güte des Lebens darin jeden Tag neu zu entdecken. Die früh verstorbenen Familienangehörigen lächeln mir auf meinem Platz freundlich zu, weshalb ich ihre Güte spüre, mein Leben zu leben.

Heike, 59

Elternhaus

Ich bin ein Kind von Flüchtlingen. Das Gefühl von Heimat, Elternhaus, Wurzeln ist mir unbekannt. Heimweh kenne ich nicht, das Fernweh brennt in meinem Herzen. Die Sehnsucht des Reisens wird nur gestillt, wenn ich unterwegs bin. Eine Nomadin zu sein, beschreibt wohl am besten das Lebensgefühl in mir.

Als ich vor sechs Jahren damit begann, mich mit meiner Familiengeschichte zu beschäftigen, dämmerte mir nach und nach, woher meine Unstetigkeit resultiert. Es ist der Beginn eines langen Weges auf der Suche nach dem wahren ICH und mündet an dem Tag, als ich zum ersten Mal das Gefühl von Heimat zu verspüren glaube.

Meine Eltern verlassen die DDR 1956. Mit einem einzigen Koffer werden sie „sich hinüber machen", in den Westen. Im Gepäck eine große Portion Hoffnung, dass es die richtige Entscheidung sein wird. Für das junge Paar ist es ein Weg ins Ungewisse, für meine Mutter bedeutet es mehr. Zurück lässt sie ihre Eltern, ihren Bruder, ihre Schwester. Keiner weiß, wann sie sich das nächste Mal wiedersehen werden. Es ist nicht das erste Mal die Zeit des Loslassens für diese Familie. Der Zweite Weltkrieg hat tiefe Wunden in ihren Seelen hinterlassen. Das einzige Glück liegt darin, dass sie alle fünf überlebt und sich wiedergefunden haben. Und diesmal zieht die Jüngste allein in die Ferne, weg von ihrer Herkunftsfamilie. Wieder ein Neuanfang, wieder ein Aufbruch in die Fremde.

Das Nomadenhafte liegt in der Familie meiner Mutter tief verwurzelt. Es sind die Vorfahren meines Großvaters, die sich im 19. Jahrhundert aus dem Schwabenland kommend in Mittelpolen ansiedeln. Dort wird mein Großvater 1903 geboren. Die Familie begibt sich zu Beginn des 20. Jahrhunderts erneut auf den Weg, diesmal nach Lettland. Im Gefüge der deutschen Siedler lernen sich meine Großeltern kennen und lieben, heiraten und bekommen ihre drei Kinder. Die Jüngste, meine Mutter, wird 1935 in dem neu errichteten Familienheim im schönen Kurland geboren. Ideale Bedingungen für Kinder, sorglos und barfüßig das Leben und die Natur zu entdecken.

Und nun stehen wir mit unserem Auto vor genau diesem Haus – mein Mann, unsere Übersetzerin und ich. Es ist der 7. August 2019 und ich befinde mich exakt 80 Jahre nach dem geschichtsträchtigen Hitler-Stalin-Pakt auf dem Hof meiner Großeltern. Ein im August 1939 geschlossener Pakt zwischen Deutschland und Russland, der u. a. die Zuordnung der baltischen Staaten an die Russen festlegt. Es ist der Beginn des Zweiten Weltkriegs. Und er wird das Leben der jungen Familie für immer verändern, als sie mit ihren drei kleinen Kindern ihr Zuhause in Lettland verlassen, um im deutschbesetzten Teil Polens angesiedelt zu werden. Der Verlust ihrer Heimat war der erste tiefe Schmerz im Leben meiner Mutter. Nie wieder wird sie an Ihren Geburtsort zurückkehren oder darüber sprechen. Es folgen sechs schwere Kriegsjahre in einem fremden Land, dessen Bevölkerung von den Deutschen enteignet, vertrieben, versklavt oder ermordet wurde. Ein Ort des Hasses und der Angst. Das Ende des Zweiten Weltkriegs zwingt die Familie erneut zum Aufbruch. Diesmal, ohne Ehemann und Vater, schließen sie sich im eiskalten Januar 1945 einem der Flüchtlingstrecks an und erreichen mit zwei Pferdewagen vier Wochen später ihren neuen „Heimatort", ein kleines Dorf in Sachsen-Anhalt. Mein Großvater befindet sich in russischer Gefangenschaft, meine Großmutter kämpft gegen die Vorurteile und Ablehnung der hiesigen Dorfbewohner gegenüber den Flüchtlingen. Es wird eine der vielen Ängste meiner Mutter sein, abgelehnt zu werden.

Ich steige mit zittrigen Beinen aus dem Auto und gehe den unbefestigten Weg entlang, der mich zum Haus führt. Seit Stunden haben wir die Gegend rund um die Stadt Saldus im Kurland durchforstet. Es gibt keine Adresse, nur alte Katasterpläne und Fotos. Mit Hilfe unserer motivierten Übersetzerin befragen wir unermüdlich vor allem ältere Menschen in den Dörfern nach dem Haus. Es führt trotz gut gemeinter Hinweise nicht zum gewünschten Ziel. Der letzte Tipp ist der entscheidende. Wir wenden uns an die Gemeindeverwaltung in Saldus und Dank einer sehr engagierten Dame stehe ich nun auf dem staubigen Hof im Licht der Sonne und unter einem strahlend blauen Himmel vor dem Elternhaus meiner Mutter. Ein langgezogener, eingeschossiger Bau mit einem Wellblechdach und einer Dachgaube. Mittig befindet sich eine zweiflügelige Haustür, braun gestrichen. Zwei schiefe Steinstufen führen zu ihr. Links und rechts von der Tür jeweils ein schmales und zwei größere Holzfenster. Die Fassade ist zum Teil noch verputzt, an einigen Stellen zeigt sich frei gelegtes Mauerwerk. Mein Herzschlag wummert in der Brust und ist nicht zu beruhigen. Die Zeit ist stehen geblieben. So muss es dagestanden haben, als die junge Familie Ende 1939 mit ihrem Handkarren ihr Zuhause für immer verlassen hat. Die Türen, die Fenster, die Fassade stark verwittert, über 80 Jahre alt, unverändert. Vor dem Haus ist der Brunnen wie auf den Fotos, aus dem die jetzigen Bewohner noch heute ihr Wasser schöpfen. Ein verwilderter Garten. Apfelbäume, einsam blüht eine Stockrose am Mauerwerk. Es zieht mich tief in die Erde, ich spüre eine unendliche Schwere, mein Herzschlag verlangsamt sich, bleibt aber laut. Fühlt sich so Heimat an? Ein älterer Herr tritt aus dem Haus, unsere wackere Begleiterin erklärt unser Anliegen und sehr freundlich lässt er zu, dass wir uns auf dem Hof umsehen dürfen. Ich streife durch den Garten, die Apfelbäume tragen reichlich Früchte, zu früh, um sie zu kosten. Ich rieche die Pflanzen, die Erde, die sonnendurchflutete Luft und bin überwältigt. Hier also hat meine Mutter ihre ersten vier Lebensjahre verbracht. Es muss schön und unbeschwert gewesen sein, mitten in der Natur, umgeben von der herrlichen Landschaft des Kurlandes. Ich weiß plötzlich, woher meine nicht enden wollende Sehnsucht nach genau solchen Orten stammt. Es gilt als belegt, dass ein genetisches Gedächtnis weitervererbt werden kann. In mir tobt ein Wechselbad der Gefühle zwischen glückhafter Erfüllung und tiefer Traurigkeit. Ich erfahre, dass mein Großvater viele Apfelbäume gepflanzt hat und man zeigt mir noch drei der verbliebenen. Ebenso die große Linde neben dem Haus, ein lebendes Denkmal meiner Ahnen. Behutsam streiche ich mit den Händen über die alten knorrigen Gehölze und verstehe schlagartig die lebenslange Sehnsucht meiner Mutter nach Äpfeln. Sie ist geradezu süchtig danach, der Apfelgenuss bedeutet ihr unendlich viel. Ohne Zweifel, es ist der Geschmack nach Heimat. Die Äpfel sind das Symbol ihrer ersten vier unbeschwerten Lebensjahre. Danach ist ihre Kindheit vorbei. Ein Krieg, eine Umsiedlung, zwei Fluchten und eine nicht immer einfache Zeit im verheißungsvollen Westen liegen vor ihr.

In mir wächst das Bedürfnis, diesen Ort nie wieder verlassen zu müssen. Wie gerne würde ich mich auf den Boden legen, mich wälzen, verbinden mit Mutter Erde. Dazu wäre ich besser allein. Ich schleiche ums Haus und schmiege mich an das alte Gemäuer. Die Sonne hat es angewärmt und löst ein wohliges Gefühl in mir aus. Ich versuche mir vorzustellen, wie sie hier gelebt und gearbeitet haben. Welche Träume sie hatten. Was aus ihnen geworden wäre, wenn es den Zweiten Weltkrieg nicht gegeben hätte. Wären sie in Lettland geblieben? Und wäre ich dann überhaupt auf dieser Welt? Mein Großvater war 36 Jahre alt, als er mit seiner Familie diesen Ort mit dem Nötigsten für immer verließ. Ich wurde 36 Jahre alt, als ich für eine einjährige Reise Wohnung und Anstellung aufgab und nur mit dem Nötigsten in die Welt zog. Für ihn und seine Lieben war es ein traumatisches Ereignis, für mich ein gelebter Traum. Endlich begreife ich die verstörende Reaktion meiner Mutter auf diese Reise. Wie sie mich beschimpft hat, mir ihre ganze Angst ins Gesicht schleuderte und ihr unerträgliches Bedürfnis nach Sicherheit uns beiden den Atem nahm.

Ich beschließe, etwas Erde einzusammeln, einen Zweig von Opas Apfelbäumen und ein Stück Rinde von der alten Linde. Mein Mann fotografiert das Haus, den Garten, die Landschaft. Unsere geduldige Übersetzerin plaudert unablässig seit unserer Ankunft mit dem älteren Herrn und stellt die Fragen, die ich mich nicht zu stellen traue. Sie werden das Haus kaufen und modernisieren, erklärt sie. Ich bin so dankbar, dass ich es noch im Originalzustand sehen darf. Der Zugang in das Gebäude wird mir nicht angeboten und ich verkneife mir den Wunsch. Allein auf dem Grundstück stehen zu dürfen, empfinde ich als großes Glück. Nach zwei intensiven und für mich kurzweiligen Stunden verabschieden wir uns, steigen ins Auto, ein letzter Blick, ein dankbares Winken und schlagartig setzt das große Heulen ein. Sturzbachartig strömen meine Tränen. Noch nie hatte ich ein solches Mitgefühl für meine Ahnen, noch nie habe ich mich ihnen so sehr verbunden gefühlt. Und ich spüre Heilung in mir. Denn ich verstehe, was die dramatischen Ereignisse der schweren Kriegs- und Nachkriegsjahre aus den Menschen gemacht haben. Ich verstehe das extreme Sicherheitsbedürfnis meiner Mutter, alles unter Kontrolle haben zu wollen, kein unnötiges Risiko einzugehen. Ihre einengenden Standpunkte, die mich unversöhnlich in das komplette Gegenteil getrieben haben, um ihr zu zeigen, dass man auch ein anderes Leben führen kann. Die damit verbundenen Enttäuschungen durch das gegenseitig mangelnde Verständnis für den anderen. Ich spüre eine tiefe Liebe für diese kleine starke Frau und weiß, dass die Versöhnung nur deshalb stattfinden kann, weil ich mich unserer Familienbiografie bedingungslos gestellt habe.

Zurück in Deutschland. Ich betrete das Zimmer im Pflegeheim, das meine demente Mutter seit einiger Zeit bewohnt. Wie so oft liegt sie im Bett und döst vor sich hin. Ich ziehe meine Schuhe aus und lege mich zu ihr, umarme und liebkose sie. Nehme dabei den Duft ihrer Haut auf, der mir trotz der emotional schwierigen Jahre und der daraus resultierenden Distanz so vertraut vorkommt und so sehr gut tut.

Ich bin angekommen. Mein Elternhaus ist die Liebe zu meinen Ahnen, tief verankert in meinem Herzen.

Marie-Ann, 59

Traumberuf und Wirklichkeit

Einer Anekdote zufolge soll ich beim Laufenlernen auf Zehenspitzen gestanden haben und nicht davon abzubringen gewesen sein.

Offensichtlich wollte ich schon damals lieber durch das Leben tanzen als laufen ...

Als Vorschulkind genoss ich den Start in den Tag, indem ich morgens, wenn mein Vater vor der Arbeit Radio hörte, im Nebenraum vor dem Schrank mit den spiegelnden Glasfenstern zu der Musik tanzte.

Das Lächeln meiner Mutter, mit dem es beobachtet wurde, interpretierte ich als Auslachen und so war der erste Keim gelegt für mein inneres Credo: „Ich bin nicht gut genug."

Auf die Frage Erwachsener, was ich später mal werden wollte, kam einmal ein unbedachtes „Sängerin und Tänzerin". Dieses Ansinnen zog einen längeren Vortrag nach sich, der mir klar machen sollte, dass Tänzerin kein richtiger Beruf sei. Solcherlei Bemerkungen und Belehrungen musste ich mir immer wieder anhören. Da die Angst, ich könnte es ernst meinen, so groß war, durfte ich als Schulkind zu keinerlei Zeit zu irgendeiner Art Tanzunterricht. Meine Zinnsoldatenmentalität war im Laufe der Erziehungszeit so weit entwickelt, dass ich Vorgaben nicht mehr anzuzweifeln wagte.

Erst mit 17 ging ich, gegen den elterlichen Willen, in eine Gymnastikgruppe, die meine Schulfreundin leitete. Das war nicht ganz das, was ich suchte, aber immerhin bewegten wir uns dort zu Musik. Wir machten bei Wettkämpfen mit und traten zum Beispiel auf einer Weihnachtsfeier des Sportvereins auf. Als Neuling hatte ich noch viel zu lernen, was mir nach unserem Auftritt zu Hause entsprechende Kommentare in Bezug auf die Talente der anderen einbrachte.

Das, was mir am wichtigsten war, wurde nicht nur nicht akzeptiert, weil es brotlose Kunst war, sondern auch, weil ich darin nicht perfekt war. Mein Vertrauen in das, was ich glaubte zu können, wurde in meiner Schullaufbahn – und nicht nur in Bezug aufs Tanzen – immer wieder erschüttert. Das waren teilweise gut gemeinte Ratschläge seitens der Lehrkräfte, aber mein Ohr hörte nur ein „Nicht-gut-genug-Sein".

Alleine zu Hause genoss ich es, Musik laut aufzudrehen und bis zur Erschöpfung zu tanzen. All meinen Frust, meine Freude, meine Trauer konnte ich so ausagieren und auflösen – meine Rettung über die für mich als unverstanden, ungerecht, einsam und lieblos empfundene Zeit als Heranwachsende.

Später als junge Erwachsene stand ich mitten im Leben und doch daneben. Es kam mir vor, als würden alle anderen die Spielregeln für das Spiel des Lebens kennen, nur ich hatte eine andere Spielanweisung in meiner Tasche, die dazu überhaupt nicht passte.

Dann entdeckte ich einen Tanzkurs, der genau das in mein Leben brachte, was ich mir immer gewünscht hatte. Meine Woche teilte sich am Montag. Montags abends wurde getanzt. Danach dachte ich nur wieder bis zum nächsten Montag, an dem ich wieder tanzen konnte – mit geschlossenen Augen, in der Ecke, die Musik spüren, durch den Körper fließen lassen, um ihn in Bewegung zu bringen. Dort habe ich auch erleben dürfen, was es heißt, gemeinsam, außerhalb von Raum und Zeit nur bewegte Musik zu sein, im Hier und Jetzt. Das war es, das ich wieder erleben wollte, s p ü r e n wollte. Nächste Woche.

So überlebte ich, beendete mein Studium, führte zu Ende, was ich begonnen hatte, obwohl ich schnell wusste, dass es nicht mein Herz berührt. Ein Irrtum, den ich aus Angst nicht korrigiert hatte – wie so oft in meinem Leben.

Mit dem „Ernst des Lebens" – einem Beruf bzw. einer Tätigkeit, die mir den Lebensunterhalt sicherte, kam auch die Zeit, in der es nicht mehr viel anderes gab. Am neuen Wohnort im Sportkurs Fuß zu fassen, schlug fehl und auch sonst entsprach meine Lebensweise nicht so sehr dem, was mir wichtig war. Ich konnte irgendwann nicht mal mehr ein Konzert oder eine Tanzveranstaltung besuchen, da es mir das Herz zerriss und ich nur traurig und innerlich schreiend dem folgte, was andere statt meiner tun durften. Denn gerade am Übergang vom Studium zum Berufsleben wurde mir – ganz banal durch einen Film – bewusst, was ich eigentlich und immer schon tun wollte.

Die Wende kam mit 30 Jahren durch den Tod meiner großen Jugendliebe und einer lebensbedrohlichen Diagnose, neun Monate später, die zum Glück nach einem operativen Eingriff Geschichte war. Damals hat mich dieser Mensch, der so gerne leben wollte, durch seinen Tod ins Leben zurückgebracht. Denn durch seinen Tod wurde mir klar, dass ich dieses Geschenk „Leben" und die mitgegebenen Talente nicht so einfach wegwerfen bzw. ignorieren darf. Und so habe ich mich auf den Weg gemacht – die letzten 28 Jahre.

Ich fing wieder an, einmal die Woche zu tanzen. Ich ging drei Jahre später raus aus dem ungeliebten Job, um erneut auf die Suche zu gehen, nach einer Tätigkeit, die meine Berufung ist – oder wenigstens fast. Jede Entscheidung und

Veränderung brachte mich dem näher, was mich beruflich in die Freude und Zufriedenheit kommen ließ. Eine einjährige Tanzausbildung konnte die unerfüllte Sehnsucht heilen und mir zeigen, dass Musik und Tanz immer Teil meines Lebens sein werden, aber nicht unbedingt meines Berufslebens.

Aber warum nicht? Es kommen schon wieder neue Ideen, wie ich meinen neuen Beruf mit Tanz verbinden kann (ein Beruf, in dem ich vielleicht den einen oder die andere davor bewahren kann, einen so langen Umweg hin zum zufriedenen Berufsleben zu gehen, wie ich ihn gegangen bin).

Dabei sehe ich den Körper als mögliches „Sprachrohr", wenn der Verstand nicht die Worte findet oder gar im Widerstand ist.

Ganz egal was aus den neuen Plänen wird, die Arbeit zu tun, die mich in Freude und Dankbarkeit kommen lässt, fühlt sich an wie ein Tanz. Sie gibt mir den Rhythmus vor, nach dem ich mich – mal frei, mal nach choreografischen Vorgaben – bewegen kann, auf mein Herz vertrauend, das den nächsten Schritt vorgibt.

Tanz dein Leben!

Saskia, 44

Alles geben,
nur nicht auf

Als ich klein war, liebte ich den Film „Das letzte Einhorn" ganz besonders. Jenes Fabelwesen, das gemeinsam mit seinesgleichen in einem zauberhaften Wald lebt und von nichts Bösem weiß, war eine starke Identifikationsfigur.

Als in der Geschichte immer mehr Einhörner verschwinden, sucht es die Seinen und trifft dabei auf einen flammenden Stier, der die Einhörner für einen gierigen König einfängt, damit dieser sie sammeln kann. Es wird zu seinem eigenen Schutz in einen Menschen verwandelt und leidet unter diese Verwandlung, weil es mit der Zeit immer mehr vergisst, wer es wirklich ist.

Ich habe viele Tränen während des Films vergossen, den ich während der Kindheit unzählige Male angesehen habe. In der Geschichte kehrt das Einhorn am Ende mit seinesgleichen in den Wald zurück – bereichert um viele Erfahrungen. Es lernte den Schmerz kennen und die Hässlichkeit der Welt, aber es fand auch Liebe und tiefe Freundschaft.

Auch ich fühlte mich bereits als kleines Kind in eine Welt geworfen, die ich nicht verstand und die mir Angst machte. Meine Eltern waren in den Jahren nach dem Zweiten Weltkrieg geboren und auf ihre Weise verstört. Sie versuchten, mit ihren Mitteln ein Leben zu bestreiten, das sie bereits zu Beginn schon überfordert hatte. Dies zeigte sich durch Dramen innerhalb ihrer Ehe sowie einer unsteten emotionalen Beziehung zu meinem Bruder und mir. Sie konnten nicht zuverlässig die Verantwortung für uns übernehmen.

Mein sechs Jahre älterer Bruder zeigte früh Abweichungen vom als normal angesehenen Verhalten. Er saß oft stundenlang an seinem Schreibtisch und starrte auf einen unsichtbaren Punkt an der Wand, er lehnte körperliche Nähe ab und schien durch die meisten Mitmenschen hindurchzublicken. Wenn unsere Eltern ihn zu Dingen befragten, die er angerichtet hatte, verfiel er in beharrliches Schweigen. Auch schien es ihm nicht möglich, sich in andere hineinzuversetzen. Daher wirkte er oftmals desinteressiert und bisweilen kaltherzig. Die üblichen Konventionen des Zusammenlebens schienen sich ihm nicht zu erschließen – es war ihm unmöglich, sich an seine Umwelt wirklich anzupassen und ein Teil davon zu werden. Sein auffälliges Verhalten sorgte für viele Schwierigkeiten und Auseinandersetzungen mit unseren ohnehin wenig harmonischen Eltern.

Erst als er nach vielen heftigen Konflikten und auch durchlittener Gewalt durch unseren Vater früh auszog, stellte man in seiner Wohngruppe fest, dass er autistisch ist. Unsere Eltern hatten sein Verhalten während des Zusammenlebens ohne diese Diagnose nicht verstehen können und viele seiner Eigenarten für renitente Absichten gehalten. Sie waren überfordert, frustriert und hilflos wütend.

Auch ich zeigte im Kindergartenalter ebenfalls autistische Symptome, wie sich wiederholende Selbstberuhigungsgesten. Beim ersten deutlichen Anzeichen hob meine Mutter den Zeigefinger und sagte: „Fang du nicht auch noch damit an!" Die Intensität und die erschreckende Mischung aus Angst und Ablehnung in diesen Worten machten mir klar, dass ich dieser Forderung folgen musste. Und das tat ich, indem ich mich in mir selbst versteckte, mich veränderte und mich immer mehr anpasste. Irgendwann verlor ich mich selbst in all diesen Adaptionen. Je älter ich wurde, desto mehr machte ich mich daran, alles und jeden um mich herum zu beobachten und zu analysieren. Menschen und ihr Verhalten wurden zu meinem Interesse. Besonders die Psychologie war ein für mich wichtiges Thema. Ich war zwar immer noch tief verunsichert, fühlte mich fremd zwischen meinen Mitmenschen und konnte ihre Verhaltensweisen nicht immer verstehen. Aber das tagtägliche Beobachten, das Nachahmen der Verhaltensweisen und das Unterdrücken meines wahren Ichs gaben mir Sicherheit.

Mit der Zeit glich ich in meiner Familie immer mehr aus, was meinen Eltern durch das Verhalten meines Bruders fehlte: Ich unterdrückte meine Gefühle, verdrängte meine Bedürfnisse und versuchte, vor allem meine Mutter zu unterstützen und glücklich zu machen. Die Ehe meiner Eltern war belastend für beide. Meine Aufgabe sah ich darin, auch zwischen ihnen Frieden zu stiften, Ideen aufzuzeigen und zu trösten.

Während meiner Kindheit erlebte ich psychische und physische Gewalt und wurde auch das Opfer sexualisierter Gewalt aus meinem weiteren Familienumfeld. Dieses zerstörerische Umfeld ertrug ich, indem ich mich mit viel Kraft unter meiner sorgsam arrangierten Schutzkuppel aufhielt: Ich analysierte und beobachtete, statt wirklich am Leben teilzunehmen. Und ich begriff täglich ein bisschen mehr von der Welt um mich herum. Dieses Beobachten schaffte einerseits eine rettende Distanz, barg jedoch die Schattenseite der Einsamkeit. Ich fühlte mich abgetrennt von den Menschen, zu denen ich mich irgendwie nicht zählen konnte. Dennoch gab ich nicht auf und suchte mir immer wieder neue Wege, um mich zu integrieren und Kontakte zu knüpfen.

In der Grundschule traf ich dann ein weiteres verborgenes Einhorn. Wir schlossen eine Freundschaft, die bis heute anhält. Gemeinsam spielten wir in unserer ganz eigenen Welt und begriffen einander instinktiv.

Seine Familie war ganz anders als meine eigene. Er wohnte in einem hübschen Haus mit Garten, die Eltern waren ausgeglichene Charaktere und so wurden dort auch keine unvorhersehbaren Gefühlsausbrüche durchlebt. Es gab keine Gewalt, keine Abwertung, und statt Chaos und Streit fand ich Struktur und Ruhe vor. Es waren wunderbar vernünftige Eltern mit einem Einhornkind, das mit der Zeit mein engster Freund wurde. Später fanden er und ich uns noch mit wenigen weiteren, ähnlich empfindsamen Kindern zusammen. Gemeinsam verbrachten wir unsere Jugend und halten bis heute Kontakt.

Doch mein Dasein als Einhorn in Menschengestalt sorgte leider trotz all meiner Gegenmaßnahmen für Aufsehen. Ich wurde in der Schule angefeindet, ausgegrenzt und verletzt. Oft dachte ich an eine bestimmte Szene der Einhorn-Geschichte:

Der freudlose König sagt dem Einhorn in Menschengestalt, dass er es sofort erkannt habe als es seine Burg betreten hatte. Sein wahres Sein schimmere durch die fragile Hülle. Diese Filmstelle hatte mich immer zutiefst beängstigt. Niemand sollte doch sehen, was ich in Wirklichkeit war! Meine Angst war mir Ansporn, mich noch mehr in mir zu verbergen. So war meine Schulzeit bis zur Oberstufe auf dem Gymnasium trotz meiner guten und engen Freunde oft eine schmerzhafte und beängstigende Zeit.

Ich zog mit zwanzig Jahren zuhause aus, nachdem ich mich gegen meine Eltern durchgesetzt und mein Fachabitur gemacht hatte – sie wünschten nicht, dass ich studierte, und nach vielen Jahren der Abwertung und Entmutigung durch sie traute ich es mir selbst nicht mehr zu. Zu dieser Zeit hatte ich sehr viele negative, innere Glaubenssätze übernommen. So entschied ich mich für eine Ausbildung in der Hotellerie. Das eigenständige Leben hatte zwei Seiten für mich: In meiner eigenen Wohnung lebte ich herrlich frei und zufrieden. Ich fühlte mich in selbstbestimmter, von außen unbeobachteter Sicherheit. Doch der wenig wertschätzende Umgang mit dem Personal in meiner Ausbildungsbranche quälte mich zusehends. Nach etwas über einem Jahr mit zuletzt täglichen Magenschmerzen brach ich ab und wurde examinierte Familienpflegerin.

In meinem Leben hatte sich zu dieser Zeit vieles positiv verändert und ich genoss den Kontakt zu vielen neuen Bekannten in der idyllischen und geschichtsträchtigen Stadt, in der ich damals lebte. Mehr und mehr Abstand wuchs zwischen mir und meiner Kindheit auf dem kleinen Dorf in der engen Wohnung mit meinen Eltern.

Die beiden besuchten mich sehr selten – so gewann ich immer mehr innere und äußere Freiheit. Es gab jedoch auch Phasen, in denen mich die Vergangenheit einholte. Psychosomatische Beschwerden traten auf und ich fand nachts oft nicht in den Schlaf. Manches Mal fiel es mir schwer, frühmorgens zu meiner Ausbildungsstätte zu fahren, weil ich so müde war. Da ich zusätzlich immer arbeiten musste, weil ich von meinen Eltern keine nennenswerte finanzielle Unterstützung erhielt, war ich oftmals erschöpft.

Vor allem aber strengte es mich an, niemanden sehen zu lassen, dass ich anders war. Auch wenn ich längst daran gewöhnt war. Der Umstand, mich täglich maskieren zu müssen, um so zu wirken wie alle anderen, stellte weiterhin eine große Herausforderung dar.

Als junge Erwachsene verliebte ich mich immer einmal wieder, ging Beziehungen ein und löste sie irgendwann wieder. Eine dieser Begegnungen mit dem anderen Geschlecht vermittelte mir dann plötzlich wieder ein Bild von mir als eine Art Fabelwesen: Jemand sagte mir, ich gliche einem exotischen Tier. Man könne mich nicht fangen, sondern nur beobachten, wenn ich mich wie ein scheuer Vogel auf die Hand setzen würde. Man wisse, dass ich wohl weiterfliegen werde, und müsse daher den flüchtigen Augenblick bewusst genießen. Es machte mich nachdenklich, ein solches Bild als Spiegel für mich zu erhalten – ich fragte mich, wer ich eigentlich war. Diese Frage trug ich lange in mir.

Letztlich flog ich unter wunderbar romantischen Umständen zu jemandem, bei dem ich bleiben wollte. Ich war so weit geflogen und das Leben war in den etwas über zwanzig Jahren für mich so anstrengend gewesen, dass ich sehr glücklich war, dort zu landen, wo mein Herz eine Heimat gefunden hatte. Ich wollte mich am liebsten mit ihm in einer gemütlichen Höhle verstecken und erst wieder herauskommen, wenn es sich nicht mehr vermeiden ließ.

Doch auch hier verfolgte mich die Gefahr der Andersartigkeit. Seiner Familie fiel es mehr als schwer, mich zu akzeptieren. Ich war auf viele Weisen in ihren Augen nicht gut genug. Ich kenne mittlerweile zahlreiche Erklärungen für die fortlaufende Ablehnung, die ich an dem Ort erfahren habe, den ich mir als neues Zuhause gewünscht hätte. Eine war sicherlich, dass ich noch immer zu sehr Einhorn war. Und eine andere, dass auch jede andere Partnerin verbissen worden wäre, die fehlende Impulse in dieses System eingebracht hätte. Verletzlich war ich, aber mit jenen feinen Sensoren, die mir einst das innerliche Überleben sicherten, blickte ich direkt in die Menschen hinein. Und dieser Blick glich für viele einem Spiegel. Wem nicht gefiel, was er sah, der wehrte mich ab. Ich war wie ein Fremdkörper, der etwas in diese Familie bringen wollte, das ihr nicht zu eigen war. Sie war wie eine Muschel, die genau diese Impulse unerträglich fand.

Was auch immer wir versuchten, scheiterte: Schweigen und Aushalten, Aussprechen und Austragen oder auch der Rückzug.

Mit sehr viel Freude stellten wir nach zwei Jahren unserer Liebe fest, dass wir Eltern wurden. Wir hatten uns diesen Schritt gewünscht, auch wenn die äußeren Umstände nicht rosig waren: Mein jetziger Mann und damaliger Partner studierte noch, ich arbeitete seit noch nicht allzu langer Zeit in meinem Beruf. Dennoch hatten wir diese Herzensentscheidung getroffen. Wir hofften, dieses Kind würde für eine Akzeptanz unserer Liebe und vielleicht auch meiner Person in der Familie sorgen. Doch das war nicht der Fall. Wir waren weiterhin direkter und auch unterschwelliger Dauerkritik ausgesetzt und die Atmosphäre im Elternhaus meines Mannes war für uns beide unglaublich anstrengend. Wir versuchten mit aller Kraft, zu dritt glücklich zu sein. Unsere Tochter war ein unglaublich süßes Kind, das jedoch viel weinte und oft unzufrieden erschien. Sie wünschte zwar immer jemanden in der Nähe, doch bei engem Körperkontakt stemmte sie sich von uns weg, sobald sie dazu in der Lage war. Kurz erinnerte ich mich an das, was meine Mutter über meinen älteren Bruder erzählt hatte – sie hatte mit ihm Ähnliches erlebt.

Auch wenn unsere Liebe durch die vergiftete Atmosphäre immer wieder Schäden davontrug, überwog unsere tiefe Verbindung. Wir heirateten sehr romantisch in einem Schloss und stellten kurz nach der Hochzeit fest, dass sich unsere zweite Tochter ankündigte. Sie nahm sehr schnell eine innige Verbindung zu mir auf und wurde von der großen Schwester sehr geliebt. Innerhalb der Familie traf das nur eineinhalb Jahre nach dem ersten geborenen Kind auf wenig Akzeptanz und setzte uns weiterer Kritik aus. Diese war mal direkt, mal indirekt und vor allem immer eines: Lieblos. Wir wohnten inzwischen in einer schönen Wohnung, mein Mann arbeitete neben dem Studium von zuhause aus und wir hatten oft Besuch von lieben Freunden.

Doch das Leben mit zwei so kleinen Kindern forderte natürlich einen gewissen Tribut: Der junge Vater, von seiner Verantwortung überfordert und von der Familie immer noch zwischen die Stühle gezwungen, zog sich aus Selbstschutz in sich zurück. Dies belastete unsere Beziehung und ich tat, was ich als Kind gelernt hatte: Ich machte mich klein, passte mich an, verschwieg Verletzungen und zog mich ebenfalls zurück.

Das Leben mit den beiden Kindern liebte ich jedoch sehr. Ich erlebte so viele Augenblicke tiefen Glücks! Sie begleiten zu dürfen, empfand ich als Geschenk, das mich mit Dankbarkeit erfüllte. Sie liebten einander innig, spielten und alberten viel miteinander. Ich begriff, dass ich niemals aufgeben würde, glücklich zu sein. So kam es, dass ich immer achtsamer dem Leben gegenüber wurde. Die vielen kleinen Momente des Glücks und ihre Kostbarkeit zu begreifen, war Teil meines Lebens geworden.

Als ich dreißig wurde, war für meinen Mann das Ende seines Studiums in Sicht und wir entschieden uns für ein weiteres Kind. Zwei Tage nach der letzten Prüfung wurde unsere dritte Tochter geboren. Wir waren inzwischen für den Berufsstart meines Mannes umgezogen und hatten dadurch eine gesunde Distanz zu seiner Familie aufbauen können. Doch all die schmerzhafte Zurückweisung, die verbalen und nonverbalen Angriffe hatten tiefe Spuren in uns hinterlassen. Was wir uns gewünscht hatten war Liebe, was wir bekamen war Schmerz.

Einige Monate nach der Geburt kuschelte ich an einem sonnigen Morgen gemütlich mit den drei Kindern und meinem Mann, als ich plötzlich und wie aus dem Nichts etwas sehr Beängstigendes spürte: Ich bekam nicht mehr genug Luft, erlitt binnen Sekunden Todesangst. Ein alarmiertes Rettungsteam untersuchte mich und sagte mir: „Ihre Sauerstoffsättigung ist vollkommen in Ordnung. Ihr Herz auch. Das, was sie da haben, ist psychisch. Das war eine Panikattacke."

Und diese Attacken wurden häufiger, sie paarten sich bald mit einer dauernden Sorge um meine Familie und meine Gesundheit. Sie wuchsen sich aus zu einer Angsterkrankung, die mich gefangen nahm. Ich funktionierte fortan wie im Autopilotenmodus. Von außen merkte mir niemand etwas an, nicht einmal enge Freunde – ich war ja schließlich geübt darin, mich zu verstellen und zu verstecken. Ich bestritt den Alltag mit den Kindern, unterstützte meinen Mann bei seiner Karriere und erledigte zuverlässig meine Arbeit als Texterin. Doch in mir war ein Abgrund, aus dem sich dunkle Hände nach mir ausstreckten.

Wir zogen noch einmal um. Aus der Großstadt in ein hübsches, gemietetes Haus mit einem kleinen Garten am Stadtrand. Vieles veränderte sich, doch die Angstattacken blieben. Mir wurde klar: Allein mit Selbstreflexion und zahlreichen Versuchen, etwas zu verändern, konnte ich mir nicht mehr helfen. Meine einstige Strategie versagte. Ich beschloss, mir therapeutische Hilfe zu suchen.

Noch während ich nach einem Therapeuten suchte, wurde dann mein Mann schwer krank. Er entwickelte eine seltene Autoimmunerkrankung, die ihn vollkommen bewegungsunfähig machte. Er lag viele Wochen auf der Intensivstation, wurde beatmet, konnte daher nicht sprechen, nichts riechen und zudem durch eine Gesichtslähmung auch die Augen nicht öffnen.

In den Monaten, die nun folgten, hatte ich keine Angst. Keine Panikattacken. Ich war vollkommen fokussiert. Es war, als hätte ich meine eigenen Themen einfach geparkt, weil es nun einmal notwendig war. Wieder einmal war ich nicht bereit, aufzugeben.

Ich arbeitete, fuhr täglich zweimal ins Krankenhaus, wusch und pflegte dort am Morgen meinen Mann und kommunizierte mittels mühsamen Buchstabierens, zu dem er dann mittels einem Hauch von Lidzucken zustimmte, bis ich die einzelnen Buchstaben zu Sätzen aufgeschrieben hatte.

Durch die schwere Krankheit wurde ich noch einmal intensiv seiner Familie ausgesetzt, mit der wir den Kontakt nach und nach wegen des andauernden Schmerzes reduziert hatten. Sein Vater stand mit tränenfeuchten Augen an seinem Bett, seine Mutter traute sich den Anblick meines Mannes inmitten all der Schläuche nicht zu und blieb dem Krankenhaus zunächst fern. Auch in dieser Situation taten sich beide wieder zusammen, um sich bei mir abzuladen: Sie deuteten an, ich hätte diese Krankheit verschuldet, und äußerten in Folge dieser Annahme allerlei weitere Beschwerden über mein Verhalten. Eine Erklärung für diesen rabiaten Umgang mit mir lautete, sie stünden eben unter Stress.

Dies alles verschwieg ich jedoch meinem Mann, damit er sich auf seine Genesung konzentrieren konnte. Diese schwere Erkrankung hatte unser Leben in ein Davor und ein Danach unterteilt. Er arbeitete sich mit unbändiger Willenskraft aus dem schwer gelähmten Zustand heraus, machte mit zitterndem Körper erste Schritte und bald konnten die Kinder ihn wiedersehen. Zu Weihnachten durfte er dann einige Stunden nach Hause. Er benötigte noch einen Rollstuhl und saß in diesem erleichtert an unserem Tisch.

Als er nach Monaten endlich wieder sprechen konnte, teilte er mir seine Freude über den Gedanken mit, dass nun sicher endlich Frieden sei zwischen seinen Eltern und mir. Schließlich hätte diese Katastrophe uns bestimmt zusammengeschweißt und seiner Familie gezeigt, wie liebevoll ich mich um ihn gekümmert hatte. Auch er hatte gehofft, dass sie unserer Liebe nun endlich zustimmen würden, wenn sie sähen, wie fest und tief diese in einer derartigen Krise ist. Schweren Herzens entschied ich mich, ihm die Wahrheit zu sagen. Denn letztlich hätte er ohnehin irgendwann mitbekommen, wie die Wirklichkeit aussah. Erschüttert und desillusioniert nahm er meine Worte an.

Er investierte von da an alle seine Kraft und auch eine große Portion gesunder Wut in seinen Genesungsprozess. Irgendwann konnte er beruflich langsam eingegliedert werden und konzentrierte sich ebenfalls auf diese große Aufgabe. Doch was ich ihm über seine Eltern gesagt hatte, ließ ihm keine Ruhe mehr.

Eines Tages fuhr er schließlich zu seinen Eltern, um ihnen zu sagen, was er ihnen mitzuteilen hatte. Er zwang sie geradezu, ihm wirklich zuzuhören. Er zeigte ihnen auf, welchen Schmerz sie in ihm und mir durch die überstarke und beinahe zehn Jahre andauernde Ablehnung verursacht hatten. Sie hatten mit mir einen jungen Menschen attackiert, dessen heftige Lebensgeschichte sie kannten und der nichts weiter als eine Familie gesucht hatte. Die besondere Enttäuschung, die ihr Verhalten in dieser schweren Zeit in meinem Mann verursacht hatte, gab ihm endlich ein Mittel in die Hand, um sich verständlich zu machen. Am Ende begriffen sie, was sie all die Jahre getan hatten. Kein Gespräch zuvor hatte dies bewirken können. Sie waren entsetzt über ihr eigenes Verhalten und tief betroffen.

Wir sprachen uns alle miteinander aus und begannen einen guten, bereinigten neuen Weg. Doch leider dauerte dieser nicht mehr lange an. Meine Schwiegermutter erkrankte einige Monate später an Krebs und verstarb an den Folgen der kräftezehrenden Chemotherapie. „Der schönste Teil unseres gemeinsamen Weges war leider der kürzeste", schrieb ich in einen Brief, den ich ihr mit in das Grab legte.

Ich hatte inzwischen eine Therapie begonnen und begriff immer mehr Zusammenhänge. Mein Therapeut sagte dabei einen Satz, den ich nie vergessen habe: „Ihre Angst ist in Wahrheit die Furcht vor der Freiheit." Ich lernte, dass von meiner Psyche aus Schutz hinter der Angst noch viel schlimmere Gefühle versteckt wurden und die Angst sich vor diesen auftürmte, um mich davon abzuhalten, dahinter zu schauen. Dieses Wissen half mir weiter. Mein Autismus wurde in dieser Therapie jedoch nicht entdeckt, das geschah erst viel später. Den Kontakt zu meinen Eltern brach ich in dieser Zeit nach langen inneren Auseinandersetzungen unter viel Schmerz und Trauerarbeit ab. Währenddessen gab ich nicht auf und arbeitete an mir – ich wollte nicht weiter in diesem Gefängnis aus Angst eingeschlossen sein.

Wir kauften ein Haus, zogen um und entschieden uns einige Jahre darauf, ein viertes Kind zu bekommen. Dieser Wunsch ging zunächst von meinem Mann aus, der all die Jahre noch sehr unter den Folgen seiner Erkrankung gelitten hatte. Er hatte

Phasen von Selbstablehnung und -hass durchlebt und auch depressive Episoden durchgestanden. Seinen Wunsch nach einem weiteren Kind – dem letzten gemeinsamen, bevor wir zu alt dafür sein würden – empfand ich als seine Zusage an das Leben und die Liebe zu seiner Familie.

Wir wussten, dass wir alle – wir Eltern und auch unsere drei Kinder – irgendwie anders waren. Wir hatten uns mit unseren Besonderheiten vertraut gemacht und konnten gut damit umgehen. Wir ahnten inzwischen, dass unsere Kinder ebenfalls im autistischen Spektrum waren. Es war anstrengend, viele so starke Persönlichkeiten unter einem Dach zu vereinen, aber es war schön und gut. Wir waren ein wunderbar eingespieltes, starkes Team. Da war also Platz für noch einen weiteren von uns.

Ich erlitt zwei Fehlgeburten, bis unser Sohn dann endlich auf die Welt kam. Wir waren überglücklich, als es endlich so weit war. Doch neben der Freude kam mit der Zeit auch die Erschöpfung, denn er erwies sich als klassisches High-Need-Baby. Er schrie oft stundenlang, konnte nur wenige Sekunden abgelegt werden oder alleine sein. Er brauchte unglaublich wenig Schlaf und begann sehr früh zu sprechen. Es gab kaum noch Raum für unsere eigenen Bedürfnisse. Wir Eltern fühlten uns irgendwann einfach nur noch leer – doch wir schafften es, in dieser neuen Belastung ein Team zu bleiben.

Unsere Zweitgeborene hatte derweil eine Klasse übersprungen und war an der weiterführenden Schule mit der Ältesten zusammen in einer Klasse. Dort geriet sie in das Visier einer Gruppe von Jungen und war aufgrund ihrer Andersartigkeit heftigem Mobbing ausgesetzt. Ich erinnere mich noch, wie ich wegen des Mobbings oft vergeblich zu Lehrgesprächen ging und auch, wie ich zu dieser Zeit mittags ungeduscht das ständig unzufriedene Kind stillte und währenddessen Lateinvokabeln abfragte. Spätestens jetzt war alles viel zu viel.

Ich fragte mich irgendwann, wie lange ich noch aushalten konnte. Ängste hatte ich immer noch und dazu Stress, der diese befeuerte. Mein Körper übernahm schließlich in einem deutlich spürbaren Ausdruck die Situation: Ich bekam eine Autoimmunerkrankung in Form einer Schilddrüsenüberfunktion. Diese degenerierte viele meiner Muskeln und durch das fortwährende Tragen des Filius' bekam ich schreckliche Rückenschmerzen. Eine Haushaltshilfe kam für mehrere Wochen und eine Ehrenamtliche, die zwei Stunden pro Woche mit dem Sohn spazieren ging. Ich wurde von einem lieben Freund auf dem Weg der Genesung begleitet, der mit mir die psychosomatischen Hintergründe der Schilddrüsenerkrankung bearbeitete. Ich befasste mich intensiv mit der Aussage der Erkrankung: „Wann komme ich in meinem Leben denn mal dran?"

Ich stellte meine Ernährung um, beschäftigte mich mit dem Thema der Selbstliebe und erlernte erste Selbstfürsorge. Meine Genesung erfolgte trotz der belastenden

Situation derart schnell, dass meine Ärztin sich wunderte. Nachdem mein Körper genesen war, zeigte sich das vollständige Ausmaß meiner Erschöpfung, bis irgendwann nichts mehr ging. An einem Morgen lag ich im Bett und wollte nicht mehr aufstehen. Mit fehlte die Kraft, der Mut und auch die Motivation.

Mein Mann sagte: „Du musst aber aufstehen. Es gibt keine Alternative. Wenn du da jetzt liegenbleibst, dann gibst du auf. Und das geht einfach nicht." Also stand ich auf.

Ich ließ mir eine Mutter-Kind-Kur verschreiben und sog dort alle guten Impulse in mich auf. Ich plante mein Leben für die Zukunft, suchte nach einem neuen beruflichen Weg für mich, schöpfte Mut und Zuversicht. Ich hatte endlich eine Vorstellung davon, was ich wollte und was nicht. In der Nachsorgegruppe dieser Kur lernte ich durch die Kursleiterin den Beruf der Heilpraktikerin für Psychotherapie kennen, der mich sofort ansprach. Für ein Psychologiestudium mit anschließender Ausbildung und Approbation war ich mit meinen vierzig Jahren inzwischen einfach zu alt. Und hatte zu viele Kinder. Kinder mit Besonderheiten, die einen zeitlichen, organisatorischen und emotionalen Mehraufwand benötigten. Ich entschied, all mein über Jahrzehnte gesammeltes Wissen über die menschliche Psyche, meine Lebenserfahrung und das Talent, Menschen in ihrer Entwicklung zu unterstützen, in einen Beruf einzubringen: Ich entschied, mich ausbilden zu lassen.

Während der Ausbildungen befasste ich mich dann unter anderem intensiv mit dem Thema Autismus und konnte mich sehr schnell darin wiederfinden. Dies löste eine Welle der Erleichterung und Selbstakzeptanz aus, die ich bis heute spüre.

Die Ängste nahmen in dieser Zeit ab und verschwanden bis auf wenige kurze Momente komplett. Die Nachsorgegruppe besuchte ich über ein Jahr lang. Sie hatte mir nach all den Jahren auf verschiedenen Wegen vieles gegeben, das ich zur Heilung brauchte.

Derweil konnten wir an der Schule unserer Tochter nichts gegen das Mobbing ausrichten – die Schule war leider nur daran interessiert, zu bestreiten, dass es ein Mobbingproblem gäbe. Da unsere Tochter inzwischen starke psychische Symptome zeigte, entschieden wir uns zu einem radikalen Schritt:

Weil es in der Nähe keine alternative Schule gab, verkauften wir unser Haus und zogen auf die andere Rheinseite. Gleich neben die Stadt, in der mein Mann aufgewachsen war. Dieser Umzug und das vorherige gemeinsame Renovieren des schönen Hauses waren ein einziges Glück. Wir erinnern uns immer noch sehr gerne daran, wie wir die Pinsel schwangen, Tapeten abkratzten und Teppiche herausrissen. Wie wir uns unser wirklich gutes Nest schufen, das uns bis heute wärmt, trägt und glücklich macht. Der Kontakt zum Großvater ist für unsere Kinder seit dem Tod der Oma innig und regelmäßig – er und sie genossen die durch den Umzug entstandene räumliche Nähe zu ihm von Anfang an sehr.

Ich machte mehrere bereichernde Ausbildungen mit sehr viel wertvoller Selbsterfahrung und erreichte meinen Traumberuf durch die Prüfungen vor dem Gesundheitsamt. In unserem Haus schufen wir einen großen Raum als Praxis.

Dann kam die Corona-Pandemie, die den Ausbau bremste und schließlich ganz stoppte. Ich gab wieder nicht auf, sondern renovierte mit meinem Mann weiter, ganz ohne Handwerker. Wir hatten inzwischen viel Übung und das Ergebnis machte uns nicht nur zufrieden, sondern erfüllte uns mit Stolz und Freude.

Während der Corona-Pandemie zeigten unsere Kinder immer stärkere Symptome ihrer Besonderheiten. Als durch den Wegfall der Strukturen in den Schulen und auch im gesamten Umfeld unsere Kinder wirklich litten, ließ ich die drei Jüngsten in die Diagnostik überweisen, welche bestätigte, dass sie im autistischen Spektrum sind. Zudem wurde den Töchtern ADS und dem Sohn ADHS diagnostiziert. Ich leitete für Therapien, Pflegegrade und alles Weitere die vielen, notwendigen Schritte in die Wege.

Währenddessen hatte ich inzwischen meine Praxis bereits eröffnet und liebte die Arbeit mit meinen Klientinnen und Klienten. Sie spendete mir viel Kraft und Freude. Zudem erhielt ich das Angebot, in einer psychosomatischen Tagesklinik therapeutisch zu arbeiten. Diese Tätigkeit bereicherte und erfüllte mich zusätzlich. Dankbar erkannte ich, dass die vielen Herausforderungen meines Lebens mich befähigten, genau diese Aufgabe auszufüllen: Menschen zu begleiten, sie ihre innere Stärke sowie ihre gesunden Grenzen finden zu lassen. Die feinen, schon in der Kindheit ausgebildeten Sensoren, die dadurch ermöglichte Empathie sowie meine zahllosen Analysen und Beobachtungen ermöglichten mir nun eine derart tief sinnstiftende Aufgabe auszufüllen.

Nach dem Ende des autismusdiagnostischen Verfahrens kam unsere zu diesem Zeitpunkt siebzehnjährige Zweitgeborene dann eines Tages auf uns zu und teilte uns mit, was seit Jahren bereits ein wenig im Hintergrund geschwelt hatte: Sie sagte, sie empfände sich nicht als Mädchen, sondern als Junge. Mit Beginn der Pubertät war sie immer unglücklicher in ihrem Körper geworden, bis sich das Bewusstsein der eigenen Transsexualität entwickelt und nach vielen innerlichen Überprüfungen letztlich bestätigt hatte. Sie bat uns mit unsicherer Stimme, ob wir sie als Er ansprechen könnten, was wir ihr sofort zusagten.

Bald darauf überlegte ich mit ihm gemeinsam einen neuen Vornamen. Seine Mädchennamen wollte er natürlich nicht mehr nutzen, aber sie gefielen ihm sehr. Vor allem, weil alle drei Namen nach ihren Bedeutungen den Satz „Meine starke Liebe" ergaben. Mir fiel ein Jungenname ein, den ich vor über zwanzig Jahren gehört hatte und gerne vergeben hätte. Für unseren Viertgeborenen war er nicht in Frage gekommen, hatte sich nicht stimmig angefühlt. Er gefiel ihm sofort. Als wir nachsahen, was dieser Name bedeutete, bekamen wir eine Gänsehaut – er hatte die gleiche Bedeutung wie der vorherige, weibliche Rufname: „Liebe".

Nun stehe ich also wieder mitten in einem Prozess, der sehr viel von mir fordert. Ich verliere eine Tochter, gewinne einen Sohn und behalte dennoch die Menschenseele, die er schon immer war. Das löst sehr viel in mir aus: Trauer, Sorge, Erleichterung, Neugier, Unsicherheit und auch einen gewissen Kampfgeist, um an seiner Seite sein und mit ihm all das bestreiten zu können.

Wir teilten diese Veränderung nach und nach Freunden und auch der Familie meines Mannes mit. Alle, denen wir diese Entwicklung eröffneten, nahmen sie sehr gut auf. Meine Schwägerin ist Diversitätsbeauftragte in einem großen Unternehmen und bot sofort an, mit Rat und Tat zur Seite zu stehen. Der Großvater sagte etwas für uns sehr Berührendes: „Du bist doch derselbe Mensch. Und wenn du das willst und es notwendig wird, dann zahle ich dir auch so eine Operation." Und eine weise Freundin von mir reagierte ebenfalls sehr berührend, indem sie sagte: „Ich bin froh, dass er sich endlich gefunden hat. Ich spürte immer, dass er nicht wusste, wer er war. Nun weiß er es und das ist wunderbar. Alles Weitere wird sich finden."

Es wird viel Therapie auf ihn und uns zukommen und Hormongaben und vielleicht irgendwann auch mehrere Operationen. Manchmal kommen mir die Tränen, manchmal bin ich unglaublich erschöpft. Dann wieder gewinne ich aus der Liebe zu meiner Familie, meiner wunderbaren Arbeit und vielen berührenden privaten und beruflichen Begegnungen sehr viel Freude und Kraft.

Mein dazugewonnener Sohn sagte kürzlich: „Wenn ich euch das nicht mitgeteilt hätte, wäre ich vermutlich niemals glücklich geworden." Das ist nun mein Leitsatz für alles Kommende. Ich weiß, dass wir das gemeinsam durchstehen werden. Wie alles zuvor auch.

Ich verstecke mich nicht mehr wie das Einhorn in einer fremden Hülle, sondern spüre mich selbst zu jedem Zeitpunkt voller Liebe, Achtsamkeit und Akzeptanz. Und das ist, was jedem Menschen zuteil werden sollte.

Wenn ich manchmal denke: „Oh Mann, wie soll ich das noch alles stemmen?", dann antworte ich mir selbst: „Mit einem Schritt nach dem anderen. So, wie du bisher auch alles gemeistert hast."

Ganz nach dem Motto: Alles geben, nur nicht auf.

Agnes, 53

Angetrieben vom Glauben, der Hoffnung und der Liebe

Trost, Zuversicht, Gürtelrose, Mandelentzündung, Krätze u.v.m.

Lieber Vati!

Ich habe der Mutti einen Brief geschrieben. Nachdem ich damit fertig war, hatte ich sofort das Bedürfnis, auch Dir einen Brief schreiben zu wollen. Es entspringt keineswegs dem Sinn der Gleichberechtigung, sondern es ist die Liebe zu Dir und ich vermisse Dich. Hier ist der Brief:

Wo soll ich beginnen? Es wird ein Stenogramm, Sequenzen, die mir gerade einfallen, ein Zeitraffer für Deine gelebten 85 Jahre:

Mutti und Du habt bis zu Eurem Tod – sicher hast Du Mutti schon wiedergetroffen im Himmel; sie ist ca. ein halbes Jahr nach Dir gestorben – fast 60 Jahre miteinander verbracht. Mutti hatte Wasser in ihrer Lunge und ist sehr schnell aus dem Pflegeheim, das auf dem Klostergelände, auf dem Ihr viele Jahre gewohnt habt, noch am Einlieferungstag ins Krankenhaus in der Nacht dort verstorben. Du hast im Jahr zuvor im April 2017 – bevor Du im Oktober 2017 gestorben bist – Mutti nach vier Wochen aus dem Pflegeheim geholt, in das ich sie als Tochter das erste Mal wegen ihrer Demenz und den vielen Stürzen und ihrer Pflegebedürftigkeit untergebracht hatte. Du warst gesundheitlich auch nicht mehr auf der Höhe. Dein rechter Arm und die Hand waren gelähmt durch Deinen ersten Schlaganfall. Zudem hattest Du starke Schmerzen wegen Rheuma und anderer Gebrechen. Auch für Dich war ein Platz bei Mutti im Heim reserviert, doch Du wolltest nicht. Ohne Mutti in den eigenen vier Wänden machte es für Dich keinen Sinn, selbst morgens einen Kaffee zu kochen und zu trinken. Das hast Du mir bei den vielen Telefonaten gesagt. Ich war davon nicht erfreut, doch ich musste es akzeptieren, 500 km weit entfernt von Euch. Dass Du Dich dann im gleichen Jahr im Oktober als erster aus dem Staub machen würdest, mochte keiner ahnen. Du konntest mit 84 Jahren kaum noch laufen, deshalb bist Du täglich – stolz darüber, alle Besorgungen selbst verrichten zu können – mit einem Elektroroller/-fahrzeug zum Einkaufen gefahren und hast auch alle möglichen sonstigen Aufgaben mit diesem Fahrzeug erledigt. Im Supermarkt hattest Du Deinen zweiten Schlaganfall, im Krankenhaus einen dritten. Die Entscheidung, Dich palliativ bis zum Tod versorgen zu lassen, war selbstverständlich für mich. Alle Familienmitglieder konnten von Dir Abschied nehmen und Dich ziehen lassen. Auch Freya, mein neuer junger Hund, der mich zu jeder Sekunde in dieser anstrengenden Phase getröstet hat, schnupperte im Krankenzimmer an Dir und hatte sicher das Ende Deines Lebens gespürt. Diese letzte Zeit hatte ich leider bei Muttis letzten Stunden nicht.

Vati, ich muss schmunzeln, wenn ich daran denke, dass Du unterwegs beim Einkaufen den Schlaganfall erlitten hast. Weil: **DU** warst stets der Versorger der Familie, seit Du Kind warst, immer auf Achse. Ich meine nicht nur unsere Familie: Mutti, meine älteren Brüder und Dich, sondern Deine Familie, in die Du hineingeboren wurdest. Wo sonst, als unterwegs, in Deiner Mission als Versorger, sollte Dich der Tod an die Hand nehmen?

„Eigentlich" hast **DU** erst Deine Familie gegründet: Erst nachdem **DU** im Jahre 1932 auf der Welt warst, haben Dein Vater und Deine Mutter geheiratet. Du warst der Älteste von insgesamt neun Kindern. Du bist Erzählungen Deiner Mutter zufolge, im Hause Deiner Oma, über einem Eimer zur Welt gekommen. Unvorstellbar für mich in der heutigen Zeit. Diese Sätze haben sich mir eingeprägt.

Du erzähltest, dass Du im Januar 1945 im Alter von zwölf Jahren mit Deiner hochschwangeren Mutter, einem elfjährigen Bruder, einer achtjährigen, einer sechsjährigen und zweijährigen Schwester mit dem Handwagen zu Fuß aus einem Dorf in Schlesien über die Tschechei und Österreich nach Bayern geflohen warst. Dein Vater war Kriegsgefangener geworden. Deine Mutter, meine Oma, hat in Schärding am Inn Deine weitere Schwester im März 1945 zur Welt gebracht. Auf diesem langen Weg hast Du viel Unerträgliches erfahren. Davon war Hunger nicht die Nr. 1. Irgendwann mal, unverhofft, erst als Du schon über 80 Jahre alt warst, hast Du auf meine Frage nach Deinem Berufswunsch als Kind mit Tränen in Deinen Augen gesagt: „Was sollte ich denn machen? Am Straßenrand lagen ganz viele tote Kinder und Babys." Mehr hast Du nicht herausbekommen in Deinem Schmerz an diese Erinnerungen. Ich habe mich geschämt wegen meiner naiven Frage. Später hast Du mir gesagt, dass Du auch gern Theologe geworden wärst. Du hast manchmal ganz nebenbei gesagt, dass Du als Kind oft Hunger hattest. Du hast Deiner Mutter den Schlüssel um ihren Hals, der für den Brotkasten war, gestohlen und bist beim Essen einer Schnitte mit Butter darüber vor eigener Erschöpfung eingeschlafen und hast dafür am Morgen noch Ohrfeigen bekommen. Auch hast Du manchmal irgendwann vorwurfsvoll zu uns gesagt oder eher geschrien: „Euch geht es allen viel zu gut!!! Ihr wisst nicht, was Hunger bedeutet!" Vati, ich weiß, was Du meintest. Jetzt auf jeden Fall. Du hast während der Flucht bei verschiedenen Bauern gearbeitet, den ganzen Tag, um Eier für die Familie zu besorgen. Unter der Kuh hast Du gelegen und die köstliche warme Milch direkt aus ihrem Euter getrunken. Wenn Du das erzählt hast, dann war immer so ein glücklicher Gesichtsausdruck bei Dir zu sehen, der gleiche wie bei einer Schnitte Brot mit Butter, sodass ich die dahintersteckende Not als Kind gar nicht erahnte. Ich frage mich heute, ob es die Überlebensfreude war, Glücksmomente einer völlig anderen Zeit, eine Zeit, die wir nicht kennen lernen mussten. Du bist in Bayern/Altötting zur Schule gegangen. Leider ..., hast Du gesagt, musstest Du sie wieder verlassen, 1946, denn Dein Vater war aus der Kriegsgefangenschaft wieder nach Hause gekommen, jedoch nicht in Dein ehemaliges altes Zuhause. Ich glaube, eine Schwester von ihm hat Euch bei sich aufgenommen. Eigentlich war für Dich eine Maurerlehre in Bayern vorgesehen. Wieder begann eine Reise für Dich, Deine Mutter und Deine mittlerweile fünf kleineren Geschwister. Ich habe in Deinen Akten das Abschlusszeugnis aus Bayern vor mir liegen. Es ist die 7. Klasse gewesen. Dein früheres Zuhause als zwölfjähriger Junge war nicht mehr deutsches, sondern polnisches Gebiet geworden. Lieber Vati! Auch erst nach Deinem Tod habe ich wirklich begriffen, warum Du immer wieder mit einer Vehemenz zu mir gesagt hast: „Du bist Vertriebene, du bist eine Deutsche! Merk dir das!"

Du bist mit Mutti und uns drei Kindern 1971 aus Polen in die damalige DDR ausgereist/eingereist. Immer habt Ihr mit uns Kindern deutsch gesprochen. Ihr wäret gern in die BRD umgesiedelt, doch das hätte länger gedauert für eine Genehmigung. Die Einladung Deiner Tante aus Moers (NRW), die Du verwahrt hast, sehe ich vor mir. Trotzdem bist Du zunächst Deiner Mutter und einer jüngeren Schwester nach Löbau/Sachsen nachgereist und im damaligen Karl-Marx-Stadt gelandet. Ich war damals 3 und 1/2 Jahre alt und kann mich tatsächlich daran erinnern. Du hattest es bis zu Deinem Tod immer wieder bereut, nicht in den Westen gegangen zu sein. Du hattest andere Entfaltungsmöglichkeiten ersehnt, die Du scheinbar verpasst hattest. Einige Deiner und Muttis Geschwister als auch Freunde aus Polen haben das getan und sind nach Duisburg, Dortmund, Paderborn, Singen am Bodensee etc. ausgewandert.

Du konntest vielleicht damals nicht erahnen, dass Du unter dem Regime in der DDR langfristig nicht glücklich werden würdest. Unsere Familie war jetzt AUS POLEN UND KATHOLISCH. Wieder waren wir in einer Gegend in Sachsen Fremde. Die Farbe ROT war für Dich ein rotes Tuch. Du mochtest es nicht, wenn wir rote Kleidungsstücke trugen. Du mochtest sie nicht wegen der Kommunisten, den roten Socken, die Dich einengten. Selbst eine rote Strickjacke, die mir eine Deiner Schwestern mal geschenkt hatte, war bei Dir sehr unbeliebt. Und ich habe sie bis heute nicht vergessen, weil ich sie sehr mochte. Was Farben in unseren Gedanken ausmachen ...

Ich finde Vati, dass wir uns tapfer geschlagen haben. Wir waren eine gute Familie. Irgendwie habe ich mich wohl gefühlt bei uns zu Hause. Du hattest immer Verständnis für alles, was wir als Schulkinder erlebt hatten. Du hast mit Deiner Jugendzeit verglichen und gesagt, man könne nicht immer aussuchen. Das war

Trost und Ermutigung zugleich, das Beste aus allen Situationen zu machen. Dadurch hast Du mir und sicher auch meinen Brüdern die entsprechende positive Haltung zum Leben vermittelt. Das Leben hat Dich Demut gelehrt und uns eine hohe Anpassungsleistung abverlangt.

Wir Kinder hatten sehr gute Schulnoten, haben nebenher viele Hobbys betrieben. Dein ältester Sohn baute Modellflugzeuge, experimentierte mit dem Aquarium, lötete, nähte, spielte Basketball und gefühlt 1.000 Dinge mehr. Der zweite Sohn spielte am liebsten Fußball, nähte u. v. m. Alle drei haben wir viele Jahre Klavierunterricht bekommen. Das war Dir wichtig. Erst als Du über 80 Jahre alt warst, kam bei mir die Frage auf, wo Du eigentlich Deine vielen Instrumente, die Du spielen konntest, erlernt hattest. Die Antwort war sehr einfach. Dein Meister im Betrieb, in dem Du gearbeitet hast, bzw. ein Arbeitskollege hatte Dich gefördert. Sogar in einer Musikkapelle hast Du gespielt. Besonders oft hast Du von den Beerdigungen gesprochen, für die Du gespielt hast. Du konntest auf dem Klavier ohne Noten die schönsten und unterhaltsamsten Stücke spielen und sogar dazu singen. Ich habe es geliebt, wenn wir Gäste oder vielmehr Freunde bei uns zu Besuch hatten und Ihr ein paar Schnäpse und Biere getrunken hattet ..., dann habt Ihr Musik gemacht. Klavier, Gitarre, Mundharmonika, Akkordeon, Balalaika, Klarinette etc., jeder war mit einem Instrument bzw. mit mehreren zugange. Sogar getanzt haben wir in dem kleinen Wohnzimmer. Das Glück war bei uns zu Hause, so empfand ich das. Und dass die ganze Wohnung mit Zigarettenqualm durchzogen war, hat mich damals nie gestört.

Vati! Ich erinnere mich an alle Szenen unseres Lebens in Bildern, einige wie, als wir zusammen im Schwimmbad waren. Ich wollte trotz blauer Lippen nicht aus dem Wasser. Wir haben zusammen sehr viel geredet, haben Skat gespielt; zu zweit Offiziersskat oder zu dritt und zu viert den klassischen Skat mit meinen Brüdern. Als Du mal länger krank warst: Ich erinnere mich an gebrochene Rippen – ein Arbeitsunfall – oder an eine Gürtelrose, die sehr schmerzhaft für Dich war; da warst Du zu Hause und wir spielten Schach, Karten, Mensch ärgere dich nicht, Dame und Mühle, Halma und Vieles mehr. Bei unserem Bridgespielen (Ob das die offizielle und richtige Bezeichnung des Spiels ist?) hast Du mich beim Schummeln ertappt, ohne dass Du was sagen musstest ..., ich habe es selbst gesehen, weil Du die „Haufen" vertauscht hast. Diesen Moment vergesse ich nie. Keine Bloßstellung! Das Ertappt-Werden hat ausgereicht. Wir sind oft zusammen verreist, haben Verwandte und Freunde besucht. Wenn wir uns dann eine Unterkunft teilten, ... oh je, Du hast geschnarcht wie zehn Russen, sagt man. Das haben wir sogar mal auf eine Kassette aufgenommen. Mutti hatte keine Lust zu verreisen. Sie war gern zu Hause. Doch wir beiden mussten unter

Land und Leute. Das habe ich bis heute von Dir, lieber Vati. Im Wohnzimmer hing eine Art Stoffbild, auf dem stand: „Wer reist, kann etwas erzählen."

Vati, für mich war es völlig normal, dass Du als Mann im Haushalt geholfen hast. Du hast Staub gewischt, gesaugt, die Wäsche gemangelt, den Hund gekämmt, Du warst handwerklich begabt, hast Dich um die eigenen Kaninchen gekümmert, den Rasen gepflegt und mit der Sense Heu gemacht, im Garten für das richtige Ambiente gesorgt, eine Hollywood-Schaukel aufgestellt, Fahrräder repariert, Platzki (Reibekuchen) gemacht. Du warst von dem Zehn-Familienhaus, in dem wir über 20 Jahre lebten, der Hausmeister. Dazu gehörte auch die Miete zu kassieren (Damals kam jeder Mieter monatlich pünktlich zum Ersten des Monats und zahlte die Miete in bar bei Dir ein. Ganz akkurat hattest Du eigens dafür eine Kassette und ein Buch, in dem die Zahlung vermerkt wurde.), Putzen etc., mit allen Bewohnern waren wir dadurch immer in Kontakt. Es war eine gute Hausgemeinschaft. Die warmen Jahreszeiten haben wir oft im großen Hof und Garten verbracht. Wir zwei haben oft Federball gespielt und sind bis über 200 Stück Schlagaustausch gekommen. Die alten Damen haben uns auf der Bank im Hof sitzend zugeschaut und sich daran erfreut. Im Hof wurden Fahrräder, Motorräder, Autos und andere Dinge repariert. Der Hof war auch Wäschetrocknungsgebiet. Die Leinen wurden quer über den Hof gespannt und man traf sich ständig mit den anderen Bewohnern im Hof, weil ständig Wäsche aufgehängt, umgehängt und abgenommen werden musste. Auf der Wiese im Garten wurden Wäschestücke gebleicht. Oh je, als der erste Hund eines neuen jungen Bewohners diesen Garten (es war ein kleines Paradies) als Hundeklo benutzte, ... Das gab Stress.

Mutti wollte immer, dass ich jeden Sonntag in die Kirche gehe. Das tat ich auch. Jedoch war das immer stressig für mich, ich fand so viel Zwang dahinter. Richtige Lust hatte ich nie. Doch wenn ich zurückkam, war ich froh, dort gewesen zu sein. Die Zeremonie, die Art der Musik, die Gebete, der Friedensgruß, die Fürbitten für die Welt. Es fühlte sich alles richtig an. Am liebsten bin ich mit Dir, Vati, wenn es Deine Arbeit im Drei-Schicht-System zuließ, am Abend zur Abendmesse um 18.00 Uhr gegangen. Wir sind nebeneinander zu Fuß, die Hände hinterm Rücken, mit gleicher Schrittlänge gegangen und haben die ganze Zeit erzählt, bei Wind und Wetter. Wir waren oft sehr albern wie Kinder. Besonders waren die Winterspaziergänge, weil unsere Schritte so schön im Schnee geknirscht haben. Immerhin waren es bergauf und bergab ca. drei bis vier km. Du hattest eine spezielle Sitzbank und ganz rechts außen Deinen Lieblingsplatz in der Kirche. Manchmal habe ich diesen Platz auch bei den anderen Messen, in denen ich allein dort war, eingenommen. Dann fehlte zwar Deine Gesangsstimme neben mir, doch an dem Platz fühlte ich mich wohl, neben einer Säule geschützt und doch habe ich alles gesehen. Und ich hatte das Gefühl, dass der Pfarrer, wenn er zu dem Platz schaute, dachte: „Ihr Vater arbeitet bestimmt und konnte nicht kommen."

Als 1989/1990, vor der noch nicht absehbaren Wiedervereinigung, die Grenzen zur BRD geöffnet wurden, hast Du für mich schriftlich organisiert (denn ein Telefon hatten wir bis dahin nicht), Deinen Bruder in Singen am Bodensee zu besuchen. Ich wurde sehr herzlich dort aufgenommen und mir wurde die schöne Gegend gezeigt. Dein Bruder und seine Frau unterbreiteten mir das Angebot zu bleiben. Job und Unterkunft waren quasi nicht das Problem. Nur: Ich wollte wieder nach Hause ..., zu Euch.

Du hast nach meiner Rückkehr aus dem Westen nur mit dem Kopf geschüttelt und mich gefragt, warum ich nicht geblieben bin? Ich hatte nicht das Bedürfnis zu flüchten, zu fliehen, etwas oder jemanden zu verlassen. Welche Gedanken da alle bei Dir wohl eine Rolle spielten ..., ich ahne sie. Letztlich bin ich mit meinem Mann, einem Wessi, 1994 in den Westen nach Krefeld umgezogen, ganz in die Nähe von Moers, in die Gegend, auf dessen genehmigter Einladung Deiner Tante wir damals eigentlich mit der ganzen Familie fast umgezogen wären, jedoch im Osten Deutschlands gelandet sind.

Ich habe mich zunächst in NRW nicht wohlgefühlt. Doch die Liebe heilt sozusagen alles. Ich habe mich an die Menschen gewöhnt und schätzen gelernt. Mutti sagte ja immer: „Du musst mit den Menschen auskommen, die da sind, andere gibt es nicht."

1996 bekam ich eine Mandelentzündung. Ich rief viele km von Euch entfernt an, um mich von Euch trösten zu lassen. Von einer Operation, der Entfernung der Mandeln, hast Du mir abgeraten. Du sagtest, es wäre der Stress, Du hättest das auch gehabt, es geht wieder weg. Danke. Es war so.

2001 wurde bei mir Krätze festgestellt. Ach Du Scheiße! Das darf man nicht laut sagen. Verpönt aus Unkenntnis von den Menschen. Woher? Keine Ahnung! Die Menschen haben das zwar überall und oft, doch sie verleugnen es, weil sie sich schämen. Auch da sagtest Du am Telefon mit einer Selbstverständlichkeit: „Ach, Agnes, das hatten wir früher alle. Auch das geht vorbei mit den entsprechenden Maßnahmen." Danke. Es war zwar für mich eine Katastrophe, doch es war so.

Lieber Vati, Du hast oft von Deinen glücklichen Momenten Deiner Vergangenheit gesprochen. Oft kam das so rüber, als ob diese wesentlich besser gewesen waren als die Gegenwart. Das glaube ich auch. Denn diese Gefühle hattest Du und die blieben. Es waren Deine Glückgefühle aus harten Zeiten.

Vati, Du hast mit Mutti zusammen, während Eurer jungen Ehe in Polen, mit vielen Haustieren (Hunde, Katzen, Schweine, Hühner, Gänse, Ziegen, Schafe, Kaninchen, Tauben ...) gelebt. Mutti kam vom Land und war das gewöhnt und deshalb hatte sie mehr Erfahrung als Du. Ich muss lächeln, denn immer, wenn ein Tier für den Verzehr geschlachtet werden musste, warst Du nicht zu sehen. Selbst der von Dir unbedingt vorgesehene lebendige Weihnachtskarpfen, der stundenlang vorm Fest unsere Badewanne in der Küche blockierte, wurde von Mutti getötet und als Weihnachtsmahl zubereitet. Das konntest Du nicht. Als Du unbedingt eigene Kaninchen haben wolltest und davon welche schlachten musstest, weil sie zum Essen vorgesehen waren, dann konntest Du das nur mit einem Bier und wahrscheinlich einem Schnaps vorab.

Du hast viel von Deinen Schäferhunden und Tauben erzählt. Ich denke oft daran, weil ich zusammen mit meinem Ehemann seit über 17 Jahren nunmehr mit einem zweiten Hund im Haushalt als Wegbegleiter lebe. Um in der Sprache der Tiere zu sprechen: Ich glaube, dass Du in Deinem Leben immer ein Leittier warst. Leittiere leiten ihr Rudel und repräsentieren es. Sie werden unterstützt und geschützt durch die anderen Rudelangehörigen. Das ist Familie. Jetzt, nachdem Du tot bist, wird mir noch mehr bewusst. Von den noch drei lebenden Schwestern sagen zwei, dass nur Du über all die Jahre nach dem Krieg im Jahr 1945 alles geregelt hast und alle Kontakte zu den Familienmitgliedern gepflegt hast. Du hast mit allen Briefkontakt gepflegt. Telefonkontakt war erst nach 1990 möglich, weil kaum einer ein Telefon hatte. Du hast Ämter und Behörden angeschrieben und alles Mögliche herausgefunden. Du wusstest, was Du wolltest und was wichtig und richtig war. Bis zu Deinem Tod warst Du für Überraschungen bereit. Plötzlich zum Beispiel hast Du mit Mutti einen Mietvertrag auf dem Gelände eines Klosters unterschrieben. Wir als Kinder hatten da nix zu sagen. Du hattest Deinen Plan und Mutti war einverstanden. Der Plan ist mit Gottes Hilfe gelungen. In diesem Kloster hast Du viele Begegnungen mit Menschen gehabt, die aus Deiner alten Heimat und aus aller Welt dorthin gepilgert waren. Die Reisenden spazierten quasi fast täglich an Deinem neuen Zuhause vorbei und so hattest Du viele Kontakte zu Menschen, die auch ein Stück Heimat und alte Erinnerungen wach werden ließen. Ihr beiden, Mutti und Du, hattet Euch fast bis zum Ende Eurer Tage und Du bist, wie Du immer angestrebt hast, niemandem zur Last gefallen. Das war Dir immer wichtig.

Lieber Vati! Ich habe vor geraumer Zeit unter anderem eine Ausbildung zur Burnout-Beraterin gemacht. Es heißt, dass nur Menschen, die für etwas brennen, auch ausbrennen können. Als Symbol für das Feuer in mir – ich bin sehr lebendig – habe ich das Feuermachen und Feuerhalten in unserem Kachelofen im Wohnzimmer und im Herd unserer Küche. Ich denke oft daran, wieviel Mühe Du und Mutti Euch gegeben habt, uns zu zeigen und zu vermitteln, um es selbst hinzubekommen, wie man immer eine angenehme Wärme im Zuhause bewahren kann. Dass Du, Vati, zudem Hochdruckkesselwärter und Fachmann auf dem Gebiet warst, ist natürlich besonders schön zu wissen. Ich bewahre diese Metapher ewig für mich und bleibe sozusagen immun bei Stress und bleibe gesund.

Ich bin manchmal im Leben ziemlich impulsiv, wütend, traurig und so ..., je älter ich geworden bin, desto mehr beschlich mich der Gedanke, dass ich das von Dir oder Mutti übernommen habe. Ich wünsche mir, dass ich diese „Unzufriedenheit oder Rastlosigkeit, Angst, Ablehnung ..." auslaufen lassen kann, wie wenn eine Welle das Ufer erreicht. Denn im Grunde meines Herzens bin ich glücklich mit Euch, meinen Eltern, meinen Brüdern, meinem Leben in Polen, in der DDR und nun in der BRD, mit all meinen Erfahrungen im Plus und im Minus und somit meinem gesamten Lebensweg bis jetzt gerade. Ich durfte soooo viel erleben. Ich bin gesund und munter, ich habe Humor, bin neugierig, ich habe verschiedene Berufe und Ausbildungen, ich liebe den Kontakt und den Austausch mit allen Menschen und Vieles mehr. Ich habe keinen Krieg erleben müssen. Ich bin so dankbar. Ich beschreibe es als „empfindsam sein und immun sein, resilient sein".

Danke lieber Vati, dass Du mich mit Mutti in die Welt gebracht hast und ich die ersten 25 Jahre erfahren durfte, so zu sein, wie ich bin. Manchmal hast Du gesagt, dass Kinder nur mit Liebe und Vorbild zu führen sind. In Hundebesitzersprache: Sie dürfen an einer flexiblen langen Leine die Bindung und Zugehörigkeit als auch ihren Freiraum spüren dürfen. Das habe ich immer, Vati. Du warst irgendwie streng und hart wie weiche Butter, wenn Du weißt, was ich damit meine. Ich kenne keine Vorhaltungen, Diskussionen und Belehrungen Deinerseits als auch „Muttiseits". Ich stelle mir immer noch die Frage: Wie habt Ihr das vollbracht? Weil: Es war trotzdem anstrengend.

Dein Wunsch vor ein paar Jahren, als auch so viele Flüchtlinge in unser Land kamen (auch in das Klostergelände, wo Ihr gelebt habt), war: „Ich wünsche Dir/ Euch Frieden, nie wieder Krieg. Ich war selbst Flüchtling."

So soll es sein Vati :)

Danke.
In ewiger Liebe,
Deine Tochter Agnes.

Erika, 62

Herbergsmutter –
ein Traum wird wahr

Eine Jugendherberge zu leiten, davon hatte ich bereits geträumt, als meine Kinder noch klein gewesen waren. Jetzt ergab sich die Möglichkeit, es auszuprobieren. Ich las eine entsprechende Anzeige, bewarb mich und erfuhr, dass ich durchaus auch als Single Herbergsmutter werden konnte. Dafür war nicht mehr, wie früher, ein Ehepaar nötig.

Mein zweites Anliegen war, dass ich mich in dem Haus wohlfühlen konnte, denn es galt die Residenzpflicht; ich hatte eine Dienstwohnung in der Herberge zu beziehen. Das sollte meiner Vorstellung nach nicht im Sauerland oder in der Eifel sein. Auch in einer sehr kalten Region wollte ich nicht wohnen. Ich frühstückte im Sommer gerne draußen und wollte auf Terrasse oder Balkon nicht verzichten müssen. Die Arbeit würde anstrengend werden, und ich brauchte einen privaten Ausgleich dafür.

Beim Vorstellungsgespräch ließen sich alle offenen Fragen klären. Ich erfüllte die gestellten Anforderungen. Nur Großküchenerfahrung brachte ich nicht mit. In einem zweiten Vorstellungsgespräch sagte ich beim Abschied keck: „Wenn Sie sich für mich entscheiden, können Sie viel Zeit und Geld sparen." Beim dritten Vorstellungsgespräch waren neben dem Vorstand des Herbergsvereins auch andere Herbergsleitungen anwesend. Niemand schaute mich an, was mich verunsicherte. Mein altes Gefühl des Nicht-beachtet-Werdens sprang an. Doch bald gewann ich die Aufmerksamkeit und es entstand eine freundliche Atmosphäre, die ich brauchte, um einen guten Eindruck zu hinterlassen.

Am 1. Februar 2004 übernahm ich die Leitung einer Jugendherberge im Bergischen Land. Es war ein traditionelles Haus mit 148 Betten, verteilt auf 2-, 4-, 6- und 8-Bett-Zimmer. Die Toiletten und Duschen befanden sich am Ende der beiden Flure und waren modernisiert.

Landschaftlich lag das Haus sehr schön. Ein Tierpark befand sich schräg gegenüber und unmittelbar vor der Einfahrt ein Fußballplatz. Diesen Platz nutzte der örtliche Verein und in spielfreien Zeiten auch unsere Gäste. Für einige Gäste war das Grund genug, bei uns zu buchen. Die große Eingangshalle wurde von Musikvereinen geschätzt. Ein Schwimmverein kam regelmäßig während der Oster- und Herbstferien zu Besuch. Die Schwimmhalle in der nahegelegenen Stadt war mit dem Bus gut erreichbar und eignete sich für das Training.

Während der Woche kamen häufig Grundschulklassen, die eine Mehrtagesfahrt unternahmen. Das Haus verfügte über fünf Gruppenräume. Auf dem Gelände gab es einen Grill- und zwei Lagerfeuerplätze.

Meine Wohnung war ebenfalls sehr schön, ebenerdig und direkt mit dem Haus verbunden. Ein großer Garten und eine große Terrasse gehörten dazu. Das Badezimmer im Look der 60er Jahre mit seinen hässlich gelben Fliesen wurde für mich renoviert und ich bekam eine Badewanne.

Meine Vorgänger arbeiteten mich ein und überließen mir ein sehr gut geführtes Haus. Das viel zu kleine Büro wurde erst nach zwei Jahren vergrößert, was auch dann noch eine große Erleichterung bedeutete. Nun konnte ich mit meinem Assistenten gleichzeitig darin arbeiten, was vorher nur abwechselnd ging.

Schon wenige Wochen nach meinem Start verunglückte mein gut eingearbeiteter Assistent und fiel für mehrere Wochen aus. Mit schwierigen Aufgaben wie der Erstellung passender Belegungspläne war ich ganz auf mich gestellt. Die Schüler unterschiedlicher Gruppen durften nicht gemischt werden, und die Betreuer mussten so untergebracht sein, dass sie ihren Aufsichtspflichten nachkommen konnten. Ich übte mich sonntagnachmittags auf meiner Terrasse darin, allen Wünschen gerecht zu werden.

Montags reisten die Schulklassen an. Ich begrüßte sie in der frisch gereinigten Herberge. Schüler und Lehrer sollten mich einordnen und Kontakt zu mir aufnehmen können. Nach dem Mittagessen informierte mein Assistent in der Regel die Lehrer bei Kaffee und Kuchen über alles, was es über unser Haus zu wissen gab. Ich genoss eine Mittagspause. Nach drei bis fünf Tagen gingen die Klassenfahrten meist zu Ende.

Viele Kinder hatten Heimweh. An einen kleinen Jungen mit großen braunen Augen erinnere ich mich besonders gerne. Er war in der dritten Klasse, und ich nahm ihn mit zu mir ins Büro, weil er so sehr weinte.

Vor lauter Schluchzen brachte er nur schwer seinen Satz heraus: „Ich habe solches Heimweh!"

„Wo tut es denn weh?", fragte ich ihn.

Das Weh saß nicht im Kopf und nicht im Bauch. Wir machten uns weiter auf die Suche. Wo kam der Schmerz nur her? Ich gab ihm ein Stethoskop, um ihm die Arbeit zu erleichtern. Eine Zeitlang war er sehr beschäftigt damit, das Heimweh zu lokalisieren. Es war wirklich süß, diesen Jungen zu beobachten, mit welcher Ernsthaftigkeit er seiner Aufgabe nachging. In den Armen hörte er den Pulsschlag. Im Bauch gluckerte es. Aber das Heimweh selbst fand er nicht.

Jetzt übernahm meine Handpuppe „Sammy" das Gespräch. Sie hatte Erfahrung damit, Kindern als Heimweh-Tröster zu dienen. „Sammy" half auch jetzt.

Ein anderes Mal hörte ich in einem Etagenbett oben ein Mädchen weinen. Es sehnte sich nach seiner Mama. Mit gutem Zureden, ihrem Stofftier und einer Geschichte ging der schlimmste Schmerz vorüber.

Philosophisches kam derweil aus einem anderen Bett: „Es gibt kein Heimweh", sagte dort ein Mädchen: „Die Eltern haben nur Kinderweh."

Das Küchenteam war gut organisiert und sorgte für gesundes, abwechslungs-reiches Essen, das fast immer pünktlich auf die Teller kam. Ein Junge aus der vierten Klasse meinte: „Das Essen hier schmeckt viel besser als im Vier-Jahres-zeiten in Berlin." Tja, manche Kinder waren schon in jungen Jahren weit herum-gekommen.

Für mich war es, als führte ich einen sehr großen Haushalt. Statt vier Perso-nen versorgte ich nun durchschnittlich 120 Personen. Meine Teams arbeiteten selbstständig und zuverlässig. Wie sie sich organisierten, sprachen sie mit mir ab. Wir arbeiteten gemeinsam daran, unsere Gäste zufriedenzustellen, denn nur dann kamen sie wieder und brachten neue Gäste mit. Im Haus wurden auch runde Geburtstage gefeiert, wunderschöne Hochzeiten und Silvesterpartys.

Beruflich und persönlich genoss ich die Zeit in der Jugendherberge sehr. Sie war spannend und interessant für mich. Tage, Monate und Jahre vergingen wie im Flug. Meine Herberge, die ich leitete, war das ideale Haus für mich. Ich mochte auch meine Wohnung und ihre Lage. Ich hatte meine Berufung gefunden! Das machte mich glücklich.

Privat wurde mir wieder einmal alles zu viel: Ich hatte einen anspruchsvollen Job als Herbergsmutter und fühlte mich auch für meine Beziehung verantwortlich sowie für mein Büro. Ich hatte im Jahr 2000 einen deutsch-niederländischen Service gegründet. Wegen der Existenzgründungsfinanzierung konnte ich das Büro erst zu einem späteren Zeitpunkt aufgeben.

Ich sehnte mich danach, mit Freunden zu feiern, und gleichzeitig störte es mich, wenn Manfred, mein Lebensbegleiter, mitkam und dann still in der Ecke saß. Er war kein Feiertyp, nennt sich selber eher einen Eigenbrötler. Ich konnte nicht ungezwungen feiern, ohne auch auf ihn zu achten. Manfred erwartete nichts von mir, aber mir ging es nicht gut damit, und da ich den inneren Konflikt nicht länger aushalten wollte, wuchs mein Bedürfnis, mich zu trennen.

In meinem Büro vertraute ich Manfred uneingeschränkt und wollte auch niemand anderen einstellen, der meine Buchhaltung übernahm. Allerdings konnte ich mich nicht selbst am Wochenende zu sehr einbringen, da die Jugendherberge genug Belastung mit sich brachte. Mit Hilfe einer Mediation gelang es uns trotz Trennung, weiter gut beruflich miteinander zurechtzukommen.

Die Leitung der Jugendherberge war für mich der schönste Arbeitsplatz, den ich neben allen anderen angenehmen und lehrreichen Arbeitsplätzen bisher gehabt hatte. Gemeinsam waren wir erfolgreich. Neben dem „normalen" Tagesgeschäft machten die besonderen Feste Freude, bei denen besonders das Küchenteam zeigen konnte, was in ihm steckte. Eine besondere Auszeichnung für uns war, dass der örtliche Karnevalspräsident seinen 70. Geburtstag mit ca. 100 Personen bei uns feierte.

Es gab Herausforderungen: Einmal grassierte der Noro-Virus bei uns. Das ganze Haus musste geräumt und desinfiziert werden, bevor es wieder freigegeben wurde. Wir hatten jüdische Gruppen zu Gast, deren Rabbi zuvor die Küche kesherte, damit die Speisevorschriften eingehalten werden konnten. Es kamen auch Zeugen Jehovas und Roma, Vegetarier und Veganer. Welche Bedürfnisse unsere Gäste auch haben mochten: Wir versuchten, sie zu befriedigen, und so kamen sie gerne immer wieder.

Ein großes Thema war die Einführung eines Qualitätsmanagements mit Zertifizierung in unserem Haus. Die strengen Auflagen waren in einem traditionellen Haus nicht einfach zu erfüllen. Trotzdem arbeiteten wir uns gemeinsam in wochenlanger Kleinarbeit durch die langen Listen von Anforderungen. Als alles für die Überprüfung vorbereitet war und ich in Urlaub fahren wollte, kündigte die Hauswirtschafterin, was einer Katastrophe gleichkam. Mit Mühe überredete ich sie, noch bis nach dem Audit zu bleiben.

Am Stichtag, als der Auditor kam, sprachen wir mit ihm den Ablauf durch und führten ihn durchs Haus. Er schien nur Mängel wahrzunehmen. Im Duschbereich waren Kleinigkeiten reparaturbedürftig, im Haus, da Gäste da waren, war am Vormittag noch nicht alles blitzblank geputzt und aufgeräumt. Für alles gab es Punktabzug. Die Besonderheiten des Hauses, zum Beispiel das Ernährungskonzept für Allergiker, brachten hingegen keine Sonderpunkte ein. „Sonderpunkte sind im Konzept nicht vorgesehen", antwortete er. Zwar bekamen wir am Ende unser Zertifikat im ersten Anlauf, aber insgesamt behielt ich einen dicken Kloß im Bauch.

Gemessen an dem hohen persönlichen Einsatz, den die meisten von uns gezeigt hatten, war ich mit dem Ergebnis nicht zufrieden. Der Auditor hatte uns nur kritisiert und uns nicht die kleinste Wertschätzung entgegengebracht. Die Forderungen, die nun gestellt wurden, um dem Qualitätsmanagement zu entsprechen, waren demotivierend. Mir fehlte eine Betrachtung der Gesamtsituation in unserem gewachsenen Betrieb.

Ich begann, über meine Lage nachzudenken, und stellte erstmals meine gesamte Tätigkeit in der Jugendherberge in Frage. Ich war Tag und Nacht im Einsatz, hatte am Wochenende selten frei. Persönliche Unternehmungen blieben häufig auf der Strecke, weil ich zu müde dafür war. War es das wert? Ich neigte dazu, mich „aufzuopfern", um dafür Wertschätzung und Anerkennung zu bekommen. Jetzt spürte ich, wie ich mich auch hier emotional so vollständig mit meinem Arbeitsplatz verbunden hatte, dass ein Auditor, der es an Wertschätzung mangeln ließ, gleich meine Welt zum Einsturz bringen konnte. Ich hatte versäumt, mich abzugrenzen. Zwischen Beruf und Privatleben hatte es schon lange keine Trennung mehr gegeben, und so traf mich die Kritik auch ganz persönlich.

Meine Stimmung kippte und ich begann zu sehen, was mich alles störte: Ich hatte kaum richtige Freizeit. Und da meine Wohnung gleich am Arbeitsplatz war, störte man mich dort oft, wenn ich frei hatte. Da gab es wenig Hemmungen. Man klingelte am späten Abend bei mir, um in der Jugendherberge einzuchecken. Man rief mich auf der Notruf-Nummer sonntags an, um eine liegengebliebene Jeans abzuholen. Und ich hatte verschiedene Konflikte mit der Zentrale. Nach fünf Jahren in diesem Job entschied ich mich schließlich, aufzugeben. Bis zur Rente wollte ich so nicht weitermachen.

Im Rückblick sage ich heute immer noch: Die Arbeit in der Jugendherberge war meine Berufung. Ein ähnliches Gefühl habe ich nirgends anders mehr entwickelt. Vielleicht wäre es damals besser gewesen, zu bleiben. Es waren innere Konflikte zu lösen, neue Sichtweisen zu gewinnen und neue Verhaltensmuster zu entwickeln. Dann hätte ich in diesem Beruf bestehen können. Es wäre auch möglich gewesen, innerhalb des Verbandes in ein anderes Haus zu wechseln, größer und städtischer vielleicht. Da wäre es leichter gewesen, die Freizeit zu planen. Aber damals war ich noch nicht so weit, und deshalb ging ich, wie ich immer gegangen war, wenn ich mit meinen Gefühlen nicht mehr klarkam.

Fast jeder kennt „hätte", „wenn und aber" und weiß, dass dies nicht weiterhilft.

Diese Geschichte ist ein kleiner Ausschnitt aus meinem Leben. Alles zusammen ist noch viel spannender. Es gab eine persönliche und berufliche Entwicklung.

Meine Tochter wurde 38 Tage nach meinem 16. Geburtstag geboren. Bei der Geburt meines Sohnes war ich 17 ½ Jahre alt. Geheiratet hatte ich an meinem 16. Geburtstag. Dafür hatte ich mir die Zustimmung meines Vaters „erkämpft". Er zog es vor, einer Heirat zuzustimmen, als sich selber wegen Aufsichtspflichtverletzung rechtfertigen zu müssen. In einer unserer Diskussionen meinte er: „Du bist mit 17 eine geschiedene Frau." Das war ich dann kurz vor meinem 20. Geburtstag.

Mit der Heirat freute ich mich auf Eigenständigkeit, jedoch war jetzt mein Ehemann auch mein Erziehungsberechtigter. Für Finanzgeschäfte benötigte ich jetzt seine Unterschrift.

Noch bevor meine Tochter zur Schule kam, ergab sich die Möglichkeit, von einem kleinen Dorf in Franken nach Detmold umzuziehen und damit völlig neu zu starten ohne „haste was – biste was", wie es bei uns auf dem Dorf noch üblich war.

Neben Kindern, Vollzeittätigkeit und Haushalt schaffte ich es, meine Ausbildung zur Bürokauffrau zu absolvieren. Mit der doppelten Anzahl an Berufsjahren, die für die Ausbildung erforderlich sind, konnte ich mich extern zur Prüfung bei der Handwerkskammer anmelden. Ich bin vielseitig interessiert, durfte jedoch keine höhere Schule besuchen. Mein Vater war der Meinung: „Mädchen heiraten und bekommen Kinder." Nach meinem Abschluss zur Bürokauffrau besuchte ich einen Abendkurs bei der IHK und wurde Industriefachwirtin. Jetzt hätte ich gerne eine Führungsposition eingenommen. Die Industriefachwirtin war jedoch keinem betriebswirtschaftlichen Studium gleichgestellt, so wurde es schwierig, eine entsprechende Position zu bekommen. Mich in den Nachbarstädten zu bewerben, wollte ich wegen der Kinder nicht. Sie waren das Wichtigste in meinem Leben und ich wollte zu Hause sein, wenn sie aus der Schule kamen.

Später, als beide Kinder erwachsen waren, dachte ich für mich: „Es kann auch noch einmal etwas anderes sein." So zog ich um ins Rheinland, hatte dort ein interessantes Stellenangebot, was sich jedoch in der Praxis als völlig anders entwickelte als im Vorstellungsgespräch. Damit kamen berufliche Wechsel und weitere Ausbildungen. Schon immer hat mich der Mensch interessiert und so habe ich mich mit Lebensthemen beschäftigt, wurde NLP-Master, Coach, Mediatorin. Rückblickend bin ich stolz darauf, was ich erreichen durfte. Manches erfüllt mich mit Staunen: Wie habe ich das hingekriegt? Ich hatte sehr viel Energie.

Gerne erinnere ich mich an meine Kinderjahre auf dem Dorf, prägende Eindrücke auf meinem Lebensweg waren Zank, Streit und Handlungsweisen meiner Eltern.

Vieles kann ich heute bewundern, wofür ich früher keine Antennen hatte. Zum Beispiel, wie meine Mutter neben dem Beruf den Familienhaushalt bewältigt hat, ganz ohne alle modernen Haushaltsgeräte von heute. Manch eine meiner früheren Beziehungen könnte mit meinem Wissen und meiner Erfahrung von heute glücklich sein. Ich weiß heute, wie sehr Prägungen, Überzeugungen und Impulse unseren Alltag beeinflussen.

Meine Empfehlung lautet:

Nehmen Sie Ihr Leben in die Hand!

Verbreiteter ist es, sich auszuliefern, abhängig zu bleiben, hilflos in unglücklichen Partnerschaften und unbefriedigenden Jobs zu verharren.

Übernehmen Sie Verantwortung für sich und Ihre Situation, treffen Sie Entscheidungen und setzen diese um nach dem Motto:

Setz' Deinem Leben eine Krone auf!

Erika Götz
www.lebensmanagement.org

Es ist an der Zeit,

wie Phönix aus der
Asche aufzusteigen

und das Leben neu
zu beginnen.

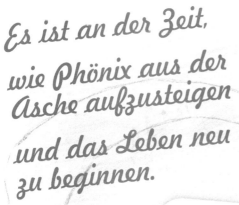

Gina, 55

Endlich ICH sein!

Wir leben in einer Zeit des Wandels. In dieser Zeit haben wir die einmalige Chance, dem Leben eine neue, lichtvolle Ausrichtung zu geben. Diese Chance habe ich genutzt, trotz oder vielleicht sogar wegen meiner sogenannten „unheilbaren" Erkrankung. Ich bin jetzt auf dem Weg der Heilung – nach einer 30-jährigen Krankheits-Odyssee.

Der Ausdruck „Krankheit als Schicksal" passt sehr gut zu mir. Und das sage ich nicht aus einem Gefühl der Wehmut heraus, sondern eher aus einem lebendigen Gefühl der Frohmut. Denn meine Umwelterkrankung hat mich *Dankbarkeit* und *Demut* gelehrt – durch die Auseinandersetzung mit Lebensthemen, die ich mir sonst lieber nicht hätte anschauen wollen. Das lag an der unumgänglichen Begegnung mit den Schattenwelten in mir.

Es galt dem inneren Drachen mit Achtsamkeit zu begegnen und ihn mit Mut und Gnade zu besänftigen. Mut und Gnade gehören für mich zusammen wie Topf und Deckel. Mut ist für mich der Schlüssel, der die Gnade empfangbar macht. So habe ich es erlebt. Mut ist in der Lage, die Angst vom Thron zu stoßen und die Liebe wieder zum Vorschein kommen zu lassen.

Eigentlich gibt es für mich nur Angst oder Liebe. Entweder bin ich in der Angst oder ich bin in der Liebe. Angst als Ur-Instinkt ausgenommen. Es geht hier um eine Angst-Konditionierung, der wir als Menschheit seit Jahrtausenden ausgesetzt sind und mit der wir uns klein und bedürftig fühlen. Wir alle tragen ausnahmslos diese Ur-Ängste in uns, denn sie werden weitervererbt. Genau diese Angst wurde durch meine chronische Erkrankung getriggert und verstärkt – ja, sogar richtig aufgeblasen. Ignorieren konnte ich sie nicht. Transformieren schon.

Der Teufel steckt bekanntlich im Detail. Und es gibt so unendlich viele Details in diesen Schattenwelten. Es stellte sich bald heraus, dass es eine Mammutaufgabe war, diese Details im Einzelnen zu erkennen und aufzulösen. Das Herz steht dabei unter Dauerfeuer – Trauma ist an der Tagesordnung. Um mein Herz zu schützen, habe ich mich bemüht, meine Denkprozesse zu erweitern. Dabei half mir stets mein treuer Begleiter: Das Allheilmittel des kreativen Schreibens.

Also, bitte anschnallen, denn es geht erst rasant abwärts – in den dunklen Urgrund meiner Seele. Nur keine Angst: Ich habe sie gut ausgeleuchtet.

Ein Leben in der Angstschleife

Mit der Angst kenne ich mich gut aus. Sie war bisher mein ständiger Begleiter, obwohl ich von Natur aus kein „ängstlicher" Mensch bin. Die Angststörung war eine Begleiterscheinung meiner Erkrankung. Es gab kaum einen Tag in meinem bisherigen Leben, ohne sie an meiner Seite. Ich hatte mich schon fast daran gewöhnt, dass ich jeden Tag, immer wieder aufs Neue, den Mut aufbringen musste, meine Ängste zu besänftigen – um überhaupt leben zu können.

Und dann geschah es doch: Ein Lichtfunke. Ein Hauch von Gnade streichelte mein Gesicht und erinnerte mich daran, wer ich *wirklich* bin. Ein Gefühl von Ur-Vertrauen breitete sich in mir aus und ich erkannte: Der Kampf ist vorbei. Ein neues Leben kann beginnen.

Aber zurück zum Anfang ...

Seit meiner Kindheit leide ich an Neurodermitis. Über die Jahre entwickelten sich dazu noch mehrere umweltbedingte Erkrankungen. Ich möchte diesen Krankheitsnamen nicht zu viel Gewicht geben, deshalb hier nur die Abkürzungen meiner Diagnosen: CFS; MCS; FMS; ES; HPU und MCAS. Am meisten von allem habe ich unter permanentem und chronischem Energiemangel gelitten. Mein chronisches Leiden ist vor allem genetisch bedingt. Tatsache ist, ich habe eine genetische Disposition geerbt, die mich anfälliger macht, an Umwelterkrankungen zu leiden.

Heute weiß man aus der klinischen Umweltmedizin, dass diese Erkrankungen multisystemisch sind und dementsprechend *ganzheitlich* behandelt werden müssen. Körper, Geist und Seele hängen bekanntlich zusammen – eines bedingt das andere. Das habe ich buchstäblich *hautnah* erlebt.

Über einen Zeitraum von 30 Jahren habe ich die diversen Ursachen auf allen Ebenen gesucht und therapiert, trotz Energiemangel. Ich sage dazu: 30 Jahre „trial and (t)error". Es war in der Tat keine einfache Aufgabe, denn ich durfte dabei schmerzlich erfahren: Umweltbedingte Erkrankungen werden systematisch bekämpft. Die eingesetzten „Waffen" sind Ignorieren, Lächerlich-Machen, Leugnen, aber auch die gezielte Verbreitung von Desinformationen. Als Heilungssuchende stand ich unweigerlich viele Jahre im Kreuzfeuer dieses systematischen Kampfes – und wurde traumatisiert.

Das Positive daran: Diese prägende Erfahrung hat mich tief sensibilisiert für spätere „Angriffe", denn ich konnte mein Unterscheidungsvermögen über viele Jahre hinweg ausbilden. In der heutigen Zeit ist diese Fähigkeit besonders hilfreich, um zwischen Wahrheit und Täuschung unterscheiden zu können. Später sollte ich diese Gabe einsetzen, um meinen Durchbruch ins Leben zu ermöglichen.

Für die Behandlung einer Erkrankung ist es ein himmelweiter Unterschied, ob sie gesellschaftlich akzeptiert oder ignoriert und tabuisiert wird. Krankheiten wie Krebs, Diabetes, Alzheimer usw. finden allgemein soziale Anerkennung. Das ist schön, denn diese unsichtbare Unterstützung hilft jedem Patienten bei seiner Genesung. Wenn aber die Erkrankung gesellschaftlich nicht akzeptiert, belächelt oder sogar bekämpft wird, ist der Heilungsweg umso schwieriger. Oft sogar unmöglich.

Dann wird Heilung zum Kampf – Überlebenskampf!

Treu nach meinen schottischen Wurzeln habe ich meinen Kampfgeist ausgepackt – weiter geht's. Aufgeben ist keine Option. Im Gegenteil. Ich richtete immer wieder aufs Neue meinen Geist auf positive Impulse aus, um sie dann anzustreben. Das war ein kleiner „Trick" – eine wichtige Übung, die mich durch die dunklen Täler meiner Ängste begleitete. Ich suchte mir Lichtperlen aus – Menschen, die mich auf meinem Weg mit ihrer lichtvollen Expertise begleiteten. Sie waren für mich wie Leuchttürme auf wilder See. Dadurch lernte ich, meiner Seele zu vertrauen, denn Vertrauen ist die schönste Form von Mut.

Als geborene Optimistin konnte ich durch diese Übung ganz viel positive Energie erzeugen, um die Angstschleifen immer wieder zu durchbrechen. Das war (über)lebenswichtig. Mit der Zeit habe ich erkannt, dass mir diese positiven Impulse intuitiv von meiner Seele vermittelt worden sind. Ich nenne sie „Lichtfunken". Mit diesen Lichtfunken lernte ich allmählich, die Landminen auf meinem Weg bewusst zu umgehen und gesunden Boden unter meinen Füßen zu spüren.

Dabei habe ich mich immer wieder selbst bestärkt mit folgenden Worten: *Vielleicht ist Dein Durchbruch ins Licht – und damit ins Leben – um die nächste Ecke. Wenn du jetzt aufgibst, würdest du das nie erfahren! Das geht doch nicht.* Also, immer wieder um die nächste Ecke schauen ... und die nächste ... und die nächste ...

Glück im Unglück

Ich bin von Haus aus ein sogenannter „schlechter Entgifter". Viele Umwelt- und Stoffwechselgifte bleiben dadurch im Körper zurück und vergiften die Mitochondrien der Zelle. Auch die Psyche wird belastet – und dadurch die Seele. Trauer, Angst, Ohnmacht, Hilflosigkeit und dergleichen gehören zum Alltag unweigerlich dazu. Je mehr Gift, desto mehr Angst. Ein Trauerspiel.

Gifte gehen bekanntlich auf die Nerven und wenn man, wie ich, diese Gifte aus genetischen Gründen schlecht entgiften kann, hat das für die Gesundheit logischerweise Folgen. Schon als Kleinkind war mein Entgiftungssystem durch vielerlei Belastungen überfordert: Schwermetalle in den Kinder-Impfungen, Quecksilber aus dem Zahnamalgam, gechlortes Trinkwasser und Schimmelpilztoxine durch feucht-kaltes Klima. Und über alles schwebte der giftige Feinstaub und die Rußpartikel von den Kohleheizungen in der Umgebung.

Aber mein Leben läuft unter dem Motto: Glück im Unglück. Zum Glück habe ich auch Liebe, Zusammenhalt und seelische Wärme als Kind erfahren und habe, trotz meiner genetischen Entgiftungsschwäche, eine ansonsten starke Konstitution geerbt. Mein angeborener Optimismus hilft mir stets dabei, das Unglück zu wandeln.

Während der letzten 30 Jahre habe ich es mir angewöhnt, Körper, Geist und Seele bestmöglich zu nähren. Dabei halte ich mich gern an die neue Wissenschaft der Epigenetik, die lehrt, dass wir die Natur durch nährende Impulse ins Positive verändern können. Die sogenannten „Epi-Mutationen" der Zellen können dadurch getilgt und sogar rückgängig gemacht werden.

Genetisch-bedingte Erkrankungen können heilen!

Das nährende Prinzip war mir schon längst bekannt, denn die alten Weisheitstraditionen aller Kulturen dieser Welt haben seit Jahrtausenden dieses Prinzip des Heilens angewandt. Heute können wir das wissenschaftlich erklären. Das ist großartig! Wir leben nicht nur in herausfordernden Zeiten, sondern auch in aufgeklärten Zeiten, die uns dabei unterstützen, alte abgenutzte Strukturen in uns aufzulösen und neue positive Verbindungen zu (er)schaffen.

Hier ein paar Beispiele aus meiner nahrhaften Schatzkiste:

- **Humor ist, wenn man trotzdem lacht:** Mir selbst ein Lächeln geben – auch wenn mir eigentlich zum Heulen zumute ist.
- **Gutes Essen hält Leib und Seele zusammen:** Wie wahr das ist. Ich gönne mir etwas Gutes und genieße es – mit allen Sinnen.
- **Noch mehr Nahrung für die Seele:** Musik; Meditation; Singen; Tanzen ...

- **„JA" sagen zum Leben:** Immer wieder. Immer wieder. Immer wieder.
- **Die Natur genießen:** Meer, Wald, Seen, Wiesen und Berge – ich liebe sie alle.
- **Gesunde Meeresluft:** Mitochondrien stärkend und ausgleichend.
- **Chlorophyll ist der Superstar der Epigenetik:** Die Ernährung mit der Farbe „Grün" bereichern. Für Wohlbefinden, Regeneration und Entspannung.
- **Liebe ist die stärkste Kraft im Universum:** Ich verbinde mich mit der Ur-Quelle des Lebens. In Demut und Dankbarkeit.

Ich liebe die Epigenetik, weil sie mir sagt: Heilung ist möglich!

Der Gipfel meiner Angst

Mein Leben war bisher wie eine Achterbahn mit einigen furchterregenden Abstechern zur Geisterbahn. Und trotzdem habe ich niemals aufgehört, an meine Heilung zu glauben. In der Beziehung bin ich einfach stur. Da gebe ich nicht auf. Niemals. Ich habe so einiges an grenzwertigen Erfahrungen schon hinter mir, aber die letzte und alles entscheidende Hürde vor meinem Durchbruch ins Leben, hatte mich (fast) geschafft.

Und schon wieder war es eine Re-Aktivierung eines alten tiefsitzenden Traumas, ausgelöst durch die Corona-Krise und die damit zusammenhängende mediale Ausschlachtung der Angst. Durch diesen Dauer-Trigger wurde ich wieder daran erinnert, wie ich früher in Kampfstellung gehen musste, um von den medizinischen Behörden überhaupt gehört zu werden. Sie haben meine Krankheit samt allen klinischen Beweisen seitens der Umweltmedizin brutal ignoriert, um mich in die Psycho-Ecke zu stecken. Damals brach für mich eine Welt zusammen, denn bis dahin hatte ich noch Vertrauen in dieses System gehabt.

„Alles Einbildung", hieß das damalige Urteil. Nichts mehr als ein Nocebo. Meine Umwelterkrankung wäre dementsprechend rein „psychosomatisch". Das hat richtig wehgetan, denn laut der klinischen Umweltmedizin heißt es: Zuerst kommt die zelluläre Belastung durch Vergiftung und oxydativen Stress, dann die psycho-emotionalen Entgleisungen. Diesen Aspekt in einem *ganzheitlichen* Kontext zu berücksichtigen, ist essenziell bei der Behandlung dieser Art von Erkrankung.

Angst macht krank: Die psychischen Auswirkungen von Angst-Nocebos sind bereits gut erforscht worden. Angst ist kein guter Berater, sagt der Volksmund. In Bezug auf eine Pandemie ist noch wichtiger: Angst schadet dem Immunsystem.

Die Corona-Krise war für mich ein schmerzhaftes Déjà-vu meiner Vergangenheit und hatte meine Angst an die Spitze getrieben. Während dieser Zeit war ich benebelt von meinem eigenen Kopfkino. Ein Horrorszenario nach dem anderen. Dann plötzlich: Ein Lichtfunke. Mitten in der Dunkelheit meiner tiefsten Verzweiflung erinnerte ich mich an eine Aussage meines inzwischen verstorbenen, geliebten Ehemanns: *Nimm dein Herz in beide Hände – und springe!*

Mit anderen Worten: Raus aus der Angst!

Wenn der Schmerz am größten ist, ist die Befreiung aus der Angst-Matrix am nächsten. Die Corona-Pandemie war im Nachhinein eine einmalige Chance für mich, meine tiefsten seelischen Wunden berühren zu lassen. Ich habe mich in dieser Zeit meinen empfindlichsten seelischen Schmerzen hingegeben, um dann wie Phönix aus der Asche aufzusteigen und mich bereit zu machen für den „Sprung".

Die beste Medizin gegen die Angst ist bekanntlich die Liebe. Für mich ist die *einzige* Antwort auf die Einseitigkeiten dieses Systems die Ganzheitlichkeit, sprich die Ur-Liebe. Oder wie Armin Risi, ein ganzheitlicher Philosoph und Buchautor, es treffend nennt: Der radikale Mittelweg – *radikal* im Sinne von wurzeltief.

Ich beginne damit zu er-ahnen, wer ich *wirklich* bin.

Alles Psycho, oder was?

Als mein Vater mich vor 40 Jahren liebevoll für die Schule morgens weckte, mit den Worten: *wakey, wakey, rise and shine* hatte ich keine Ahnung, dass ich noch vier Jahrzente dafür brauchen würde – um aufzuwachen!

Meine Umwelterkrankung hatte damals gerade begonnen sich zu manifestieren. Die chronische Müdigkeit hatte ich schon als Teenager. Viele Unverträglichkeiten und Vergiftungen später kam am Ende dieser langen Reise die Erkenntnis über die alles entscheidende Unverträglichkeit, die mich in all diesen Jahren vom Leben abgehalten und jede Therapie zunichtegemacht hat: Elektrosmog. Ich nenne ihn „Nessie" – das unsichtbare Ungeheuer.

Die Elektrosensibilität ist sozusagen meine „Achillesferse".

Ich habe im Laufe meines Lebens viele Vergiftungen erlebt, die zusammen mit diesem unsichtbaren Ungeheuer ihr Unheil getrieben haben. Mit 19 Jahren habe ich eine Tetanus-Impfung bekommen, die in einem Pfeifferschen Drüsenfieber mündete (EBV). Ein Jahr später habe ich, wie viele andere auch, die radioaktive Verseuchung meiner Heimat durch Tschernobyl erlebt und erlitten. Ein paar Jahre danach kam der Super-GAU: Hochgiftiges Methylquecksilber strömte in meinen Körper hinein, nachdem alle meine Amalgamfüllungen *ohne Schutz* ausgebohrt wurden.

Zur Erinnerung: Die medizinischen Behörden attestierten mir eine „Psychosomatik".

Nach diesem schicksalhaften Zahnarzt-Termin öffneten sich die Pforten zur Hölle. Endgültig. Der aggressive Epstein-Barr-Virus (EBV) hatte bereits das Manifestieren des chronischen Fatigue Syndroms (CFS) verursacht und das Karussell des Grauens drehte sich von nun an von alleine weiter – ohne anzuhalten.

Ein Lichtblick: Tatsächlich hat sich inzwischen bei der Anerkennung dieser weitverbreiteten Erkrankung etwas getan. Man hat sie jetzt umgetauft in „Long-COVID" und siehe da: Anerkennung und Wertschätzung für die Betroffenen. Das freut mich sehr. Und trotzdem: Das Thema „Schwermetallvergiftung und Strahlungen" bleibt weiter im Dunkeln. Dennoch ist es da. Und wird mit 5G wesentlich verstärkt.

Aus der Physik weiß man, dass Metalle die Fähigkeit haben, Strahlungen anzuziehen. Das gilt genauso, wenn die Metalle im Körper sind. Die toxischen Schwermetalle in den Körperzellen wirken dann wie kleine Antennen und stören die Zellkommunikation noch mehr, als sie es ohnehin schon tun. Ein echter Teufelskreis entsteht, denn dadurch werden die Körperzellen noch mehr vergiftet. Und der angesammelte Giftcocktail wird noch schlechter abgebaut. Besonders die künstlichen Mikrowellenstrahlungen des Mobilfunks haben eine unheilvolle Wirkung auf die Körperzellen. Darunter leidet auch die Psyche.

Und jetzt kommt die positive Wende:

Vor einigen Jahren, während einer energetischen Heilsitzung, bekam ich einen starken Lichtfunken von meiner Seele vermittelt. Ich konnte klar sehen, dass ich von künstlichen Strahlungen angegriffen und geschwächt wurde. Danach sah ich die Lösung: Ich sollte mich nicht „einbunkern" und diese Funkstrahlungen aus Angst abschirmen, sondern mich auf natürliche Weise „schützen", indem ich die Lichtkraft von innen heraus erzeuge. Diese Lichtkraft war so stark, dass die künstlichen Strahlungen gar keine Chance mehr hatten, mir zu schaden.

Wow!!!

Rise and shine

Frei nach Loriot: Ein Leben ohne Vitamin D ist möglich, aber sinnlos. Ohne dieses Sonnenvitamin verbringt man sein Leben im Reich des Schattens. Ich möchte sogar behaupten, dass mein Leben ohne ausreichend *aktiviertes* Vitamin D bis zu meinem 55. Lebensjahr ein einziges Überleben war.

Vor ca. zehn Jahren hatte mein damaliger Umweltarzt meinen Vitamin-D-Blutwert ermittelt. Das Ergebnis: Unterirdisch! Ich hatte einen Wert von knapp unter 10 ng/ml. Seine Empfehlung war, diesen Wert bis auf 80 ng/ml hochzubringen. Leider hat das ein paar Jahre gedauert. So gingen einige Jahre ins Land, bis ich im Jahr 2014 einen Durchbruch erlebte. Seitdem ist meine Versorgung mit Vitamin D sicher – dachte ich, jedenfalls.

Als ich dann vor zwei Jahren von meinem Arzt erfahren habe, dass mir mein guter Vitamin-D-Speicherwert im Blut so gut wie nichts genützt hat, weil mein Körper dieses gespeicherte Vitamin D aufgrund einer Verwertungsstörung nicht ausreichend *aktivieren* kann, musste ich erstmal schlucken. Wie gesagt, der Teufel steckt im Detail und dieses versteckte Detail war für mich der Wendepunkt.

Vitamin D ist zuständig für die Aktivität von 2000 Genen! Da setzte sich langsam die Erkenntnis in mir durch, dass mein Körper ein Leben lang, ohne eine ausreichende Menge an *aktiviertem* Vitamin D zu funktionieren versucht hat. Es ist ein Wunder, dass ich nicht noch kränker geworden bin.

Aber gesund werden ohne Vitamin D – undenkbar!

Die Vitamin-D-Verwertungsstörung ist über die Epigenetik vererbbar. Aus epigenetischer Sicht können die Vitamin-D-Rezeptoren u. a. durch Umweltgifte blockiert werden. In meinem Fall sind es insbesondere die Schwermetalle – aber auch der Epstein-Barr-Virus. Die gute Nachricht: Diese sogenannten Epi-Mutationen sind nicht starr wie die Genetik, sondern veränderbar! Also fing ich an, den Anweisungen meines Arztes zu folgen – der dringend notwendigen Mikronährstofftherapie.

Studien aus Finnland von 2014 haben gezeigt, dass etwa 25 % der Bevölkerung diese gestörte Vitamin-D-Umwandlung haben. Ich bin sicherlich kein Einzelfall. Übrigens fehlt etwa einem Drittel der europäischen Bevölkerung, wie mir, das GSTM1-Gen für die Entgiftung von Schwermetallen. Es gibt inzwischen einen nachgewiesenen Zusammenhang zwischen Schwermetallvergiftung, Nährstoffmangel und Krankheit. Bei der Behandlung ist die orthomolekulare Medizin federführend.

Das Licht dieses neuen Wissens strahlt hell und stark – wie eine 2000-Watt-Glühbirne in einem dunklen Kammer – und bringt mir eine Menge Hoffnung und Zuversicht auf ein gesundes Leben. Ein Leben außerhalb des Schattens. Ein Leben im Licht.

Heilung in Sicht

Von Friedrich Hölderlin stammt folgendes Zitat: „*Wo aber Gefahr ist, **wächst das Rettende** auch.*" Eine wundervolle Einsicht, die mir während der Corona-Pandemie sehr geholfen hat. In dieser Zeit habe ich einige heilvolle Lichtfunken bekommen, die mich nach und nach aufrichteten. Der größte Befreiungsschlag jedoch war die Diagnose MCAS (Mastzellaktivierungssyndrom) im Frühjahr 2020. Vor allem war es die Behandlung dessen, die meine getriggerten Ängste erst im Herbst 2021 beruhigen konnte.

Wenn die Schlüssel-Diagnose 30 Jahre dauert, ist *nicht aufgeben* eine echte Kunst.

Wie glücklich bin ich darüber, dass ich nicht aufgegeben habe, denn erst mit der Beruhigung meiner überaktiven Mastzellen, konnte ich die dringend notwendige Mikronährstofftherapie zur Behandlung meiner Vitamin-D-Verwertungsstörung vertragen. Mein Vertrauen in die Medizin ist wiederhergestellt. Ein Gefühl der Versöhnung stellt sich ein. Frieden kehrt zurück in mein Herz. Heilung kann jetzt geschehen.

Danke ist ein kleines Wort für ein überdimensional großes Gefühl.

Ich bin sehr dankbar – aus tiefstem Herzen.

Meine Epi-Vision

Durch *aktiviertes* Vitamin D werden die verschollenen Gene lesbar gemacht; meine Körperzellen können optimal miteinander kommunizieren; mein Körper gesundet; mein Geist koppelt sich vollständig von der Angst-Matrix ab; meine Seele kehrt zurück in den Hafen des Herzens.

Ich kann endlich ICH sein!

Christine, 54

Mein Leben: Einmal auf den Kopf gestellt

Nun sitze ich hier an einem regnerischen Sonntagnachmittag im Juli und versuche, die letzten 15 Jahre meines Lebens Revue passieren zu lassen.

Womit und wie soll ich beginnen, meine Geschichte zu erzählen?

Vielleicht mit meinem Leben vor der Begegnung, die dann mein ganzes Sein und Denken auf den Kopf stellte:

Ich lebte mit meinem Mann Georg und unseren beiden tollen Mädchen Wiebke und Anna (damals zehn und sieben Jahre alt) im eigenen Häuschen in einer niederrheinischen Kleinstadt. Es ging uns gut, wir hatten keine Sorgen, und dass wir Ehepartner uns langsam auseinanderlebten, fällt eigentlich erst jetzt im Nachhinein auf. Unsere Rollen waren verteilt, der Alltag funktionierte. Intensiv genutzte Zeit zu zweit gab es kaum noch – sicherlich nicht selten nach fast 15 Jahren Ehe.

Und dann lernte ich in der besonderen Zeit meiner ersten Pilgerreise einen Mann kennen, Martin, der in diesen Tagen und später eine Saite in mir zum Klingen brachte, die mich zunächst verwirrte. Wir konnten uns über alles unterhalten, hatten so viel gemeinsam und ein Prickeln lag in der Luft ...

Im Laufe der nächsten Monate entwickelte sich eine zarte und immer tiefer gehende Liebe auf beiden Seiten und wir begannen vorsichtig, erste gemeinsame Zukunftspläne zu schmieden. Auch er hatte Frau und Kinder.

Wir spürten beide eine Art Wink des Schicksals, der uns zusammengeführt hatte. Wir schwammen auf derselben Welle und merkten, wie gut wir zusammenpassten.

Als für uns klar wurde, dass wir unseren Lebensweg gemeinsam weitergehen wollten, begannen unsere Überlegungen, wie wir alle unsere Anvertrauten – unsere damaligen Partner Georg und Kim und unsere Kinder – mitnehmen und begleiten könnten.

Uns war klar, welchen Schritt wir machen wollten, und wir ahnten auch, wie viel Unruhe, Unverständnis und Trauer wir zunächst in unsere Familien brachten. Wir führten unendlich viele und lange Gespräche, in denen wir alles ansprachen, alle Möglichkeiten durchdachten und uns dadurch noch näherkamen. Natürlich hatten wir in dieser Zeit auch Phasen, in denen einer von uns beiden immer mal wieder der Meinung war, es ginge einfach nicht. Es war ein Auf und Ab voller Emotionen.

Uns beiden war klar: Wir wollten kein Versteckspiel, keine heimliche Beziehung. Deshalb haben wir schon früh und ehrlich mit Georg und Kim gesprochen. Das war sehr schwer. Hilfe bekamen wir in jeweiligen Paargesprächen bei einer

Familienberatungsstelle. Uns allen halfen die Meinungen, Sichtweisen und Lösungsvorschläge von unabhängigen Dritten.

Da ich mein Glück aber nicht auf dem Unglück nahestehender Menschen leben wollte, musste ich einen Weg finden, diese irgendwie mit aufzufangen. Ich wollte alles Mögliche und auch Unmögliche unternehmen, um für Georg, Wiebke und Anna die Folgen meines Schrittes so gut es nur irgendwie ging abzufedern. Ich fand für mich eine recht ungewöhnliche Lösung, die im privaten und auch weiteren Umfeld zunächst vielfach auf Verständnislosigkeit stieß.

Ich zog aus meinem Zuhause aus und ließ Wiebke und Anna in ihrem gewohnten Umfeld. So stand mein damaliger Mann nicht alleine und sie gaben ihm den notwendigen Lebenssinn. Für meine beiden Mädchen änderte sich nicht alles: Sie lebten in ihrem vertrauten Haus, Schulweg, Freunde, Freizeitaktivitäten – alles blieb, wie sie es kannten. Und ich war – wie gewohnt – in den ersten Jahren jeden Tag bei ihnen, wenn Georg zur Arbeit fuhr. Dann putzte ich, kochte, kümmerte mich um sie und den Haushalt. Ich war ganz nah bei ihnen, spürte, wie es ihnen ging, konnte vieles auffangen und verhinderte so einen radikalen Schnitt in ihrem Leben.

Die Gespräche mit meinem Exmann waren extrem schwierig, er wollte und konnte meinen Schritt nicht verstehen und mittragen. Glücklicherweise waren auch ihm unsere Kinder sehr wichtig und ihretwegen trug er meine ungewöhnliche Vorgehensweise mit – was letztendlich auch ihm ein wenig geholfen hat.

Ich wusste, dass dieser Weg der richtige war – auch wenn viele Menschen dafür zunächst überhaupt kein Verständnis zeigten. Auch im Freundeskreis führten wir sowohl verständnisvolle als auch Streitgespräche. Viel Ablehnung in unseren Familiensystemen traf mich sehr. Besonders kompliziert war es auch, weil wir beide im gesellschaftlichen und kirchlichen Leben unseres kleinen Örtchens aktiv waren. Die Wege in unserem Ort wurden für mich natürlich sehr schwierig. Viele fällten ihr Urteil, ohne Einzelheiten zu wissen, aber es gab auch die Menschen, die mich gut kannten und darauf vertrauten, dass ich meinen neuen Weg umsichtig gehe.

Natürlich war es für mich auch eine ganz schön schwierige Zeit. Abends meine Kinder nicht mehr ins Bett zu bringen, die Wochenenden nach und nach abwechselnd ohne Wiebke und Anna zu verbringen – das war nicht leicht. Aber ich wusste sie zusammen und bei ihrem Vater gut aufgehoben.

Und – ich hatte einen wunderbaren Menschen an meiner Seite. Fünf Jahre später heirateten Martin und ich standesamtlich. Da wir beide immer in der katholischen Pfarrgemeinde aktiv und verwurzelt waren, wünschten wir uns zu diesem großen Schritt einen kirchlichen Segen. Das war natürlich nicht so einfach: Aus dem aktiven Leben unserer gemeinsamen Pfarre hatten wir uns nach unseren Trennungen zurückgezogen. Aber wir haben in Nachbargemeinden neue Wege und Kontakte gefunden. Wunderbare Seelsorger waren uns wohlwollende Ratgeber und haben uns eine wunderschöne Segensfeier anlässlich unserer Heirat bereitet. Diese hat uns beide, aber auch unsere Kinder, Eltern und Geschwister sehr berührt und uns Kraft gegeben.

Inzwischen hat sich alles zum Guten gewandt:

Martin und ich sind sehr glücklich miteinander. Es war der richtige Schritt, wir haben so viele Gemeinsamkeiten, ergänzen uns und unser Leben ist erfüllt von Liebe und Glück. Georg und Kim haben jeweils ihren Weg gefunden und unsere Kinder haben sich alle toll entwickelt. Es sind selbstständige, glückliche und wunderbare junge Menschen, zu denen wir ein tiefes und sehr gutes Verhältnis haben. Wiebke und Anna haben ein liebevolles Verhältnis zu mir, zu Georg, aber auch zu Martin. Sie mögen ihn sehr und er ist von Anfang an ganz liebevoll mit ihnen umgegangen.

Was bleibt, ist schon ein Gefühl von Schuld. Wir haben unsere ehemaligen Partner verletzt und ihnen eine radikale Änderung ihres Lebens zugemutet und dieses Schuldgefühl werde ich mein Leben lang tragen.

Mechthild Batzke sagte mir einmal, dass sich mein „schlechtes" Gewissen vielleicht in ein „tragendes" Gewissen umwandeln könnte – das wäre sehr schön, damit würde ich gern leben.

Es ist ein wenig seltsam, nach so langen Jahren diese schwierige und doch auch wunderschöne Anfangszeit noch einmal komplett Revue passieren zu lassen. Inzwischen fühlt sich mein jetziges Leben so „normal" an. Vieles hat sich gefügt, auch ehemalige Kritiker akzeptieren uns durch unsere Vorgehensweise und unsere Umsicht. Wir fühlen uns wieder wohl in unserem Ort, sind eingebunden in verschiedene Gemeinschaften. Und ich bin so dankbar für das Leben, das ich mit Martin führen darf – für sein Mittragen, seine Unterstützung und seine Liebe.

Vielleicht kann meine Geschichte dazu beitragen, anderen Frauen Mut zu machen, den Weg zu gehen, von dem sie spüren, dass es der richtige ist. Es gibt nicht den „einen" Weg – jeder Mensch, jede Frau muss „ihren" Weg gehen. Es ist schwer, seine Komfortzone zu verlassen, ohne genau zu wissen, wie es weitergeht. Aber wenn diese Entscheidung nach reiflicher Überlegung, Abwägung und einem gesunden Verhältnis von Kopf, Bauch und Herz geschieht, dann kann sich ein wunderbarer, lohnenswerter und erfüllter Weg öffnen.

Rosi, 75

In sich selbst hinein-
hören, was Frau kann

Ende vierzig. Eine Bewerbung nach der anderen kommt zurück. Inzwischen sind es fast 20 Bewerbungen – und das mir, die selbst bisher erfolgreich Kurse für Bewerber gehalten hat. Ich frage mich, was mache ich verkehrt?

Mir dämmert es anhand der Begründungen, wie z. B.: überqualifiziert, bereits besetzt ... dass es wohl am Alter liegen müsse. Mit Ende vierzig wird Frau schon aussortiert? Von anderen, von meinen Teilnehmern meist über fünfzig, habe ich das immer wieder gehört, doch es selbst bereits mit vierzig spüren zu müssen, einfach schmerzhaft.

Etliche Firmen machen sich noch nicht einmal die Mühe, die aufwendig erstellten Bewerbermappen zurückzusenden, stellte ich fest, und die stereo-typen Antworten – sachlich kühl – klangen ähnlich: Wir prüfen noch! Wir haben abgesandt! Fragen Sie in 14 Tagen nach!

An einem Punkt angelangt, wo ich das nicht mehr hören wollte, entschied ich: Hier muss professionelle Unterstützung her. Das kann doch wohl nicht sein, dass ich nach dem Aufbau eines erfolgreichen Familienunternehmens weder altersmäßig noch mit meinen Ausbildungen sowie praktischen Kenntnissen als Arbeitskraft nirgendwo hineinpassen sollte? Es sei denn, ich hätte beim Gehalt Abstriche gemacht. Lag es wirklich am Gehalt?

Die gesuchte Unterstützung erwischte mich kalt. Fast wie ein Schock traf mich die Ernüchterung Ende des letzten Jahrhunderts. Fassungslos überlegte ich, ob die Beraterin bei der Arbeitsagentur mir das ernsthaft empfohlen hat: „Wollen Sie noch mehr Absagen erhalten? Belegen Sie zwei Weiterbildungsmaßnahmen. Nach den beiden Abschlüssen haben Sie das richtige Alter erreicht, um in den Vorruhestand gehen zu können."

Mir rauschten die Ohren und in den Händen hielt ich drei Firmenadressen, um mich als Sprechstundenhilfe, kaufmännische Schreibkraft oder als Ver-käuferin zu bewerben, drei Berufe, die mir als ausgebildete „Industriekauffrau" mit zweitem Bildungsweg, Pädagogikstudium, Aufbau eines Unternehmens, fremd gewesen sind. Die Beraterin hatte dafür nur folgende Abwiegelung: „Sie sind schon einige Jahre aus den erlernten Berufen raus. Da hinein kann ich Sie nicht vermitteln." Als Oberfrechheit höre ich noch heute ihre Frage: „Sind Sie im Familienbetrieb überhaupt tätig gewesen?", und ihre sich anschließenden Ausführungen/Kommentare: „.... Wissen Sie, viele Ehefrauen werden nur auf dem Lohnzettel eingetragen, aber sie arbeiten nicht wirklich. Auch wenn Sie als

Geschäftsführerin geführt wurden, als solche kann ich Sie nicht weitervermitteln. Sie haben kein BWL-Studium. Und Ihr Abschluss als Industriekauffrau liegt auch schon lange zurück. Na ja, hinzu kommt Ihr Alter. Chefs wollen ‚Frischfleisch', wenn ich das mal so sagen darf. Das bedeutet eigentlich, sie wollen nur ein niedriges Gehalt bezahlen. Also Ihre Gehaltsvorstellungen müssen Sie mindestens um 50% reduzieren. Das dürfte Ihnen nicht schwerfallen, da Sie zurzeit gar keinen Anspruch auf Arbeitslosengeld als ehemalige Familienangestellte haben. Sie können Unterhalt bei Ihrem Mann einfordern. ... Dann verklagen Sie ihn doch einfach. ... Beantragen Sie Armenrecht, dann brauchen Sie keine Anwaltskosten zahlen. ... Ach, Ihnen gehört das Haus? ... Was? Ihr Mann lässt das für die gemeinsame Firma versteigern, für die Sie gebürgt haben? ... Das hätten Sie nicht machen sollen. Hier haben Sie drei Vermittlungsvorschläge. Mehr kann ich nicht für Sie tun. Überlegen Sie sich das mit dem Vorruhestand. Dann nehme ich Sie in das Weiterbildungsprogramm auf. Draußen im Flur können Sie am Computer nach offenen Stellen suchen."

Da stand ich nun ohne wirkliche Hilfe, ohne Geld mit drei für mich unterqualifizierten Vermittlungsangeboten. Frustriert suchte ich in den Flurcomputern etwas Besseres, doch es waren fast nur Angebote, die sich heutzutage in der allgemeinen Bezeichnung „prekär" wiederfinden.

Es war wie erwartet, entweder sagten mir die Stellen nicht zu, wie unterbezahlte Arbeit an der Rezeption verschiedener Branchen, auch im medizinischen Bereich, oder mir wurde tatsächlich offen, direkt gesagt:

„Sie sind zu alt für diese Tätigkeit. Sie sind aus dem Beruf zu lange raus. Wir arbeiten nicht ein. Eigene Kinder erziehen ist schön und gut, aber das sind keine Kompetenzen. ..."

Kurz entschlossen machte ich eine Selbstanalyse, was ich kann und was nicht.

Herauskam, mit meiner Leistungskraft freiberuflich, ohne jegliche soziale Absicherung, voll auf eigenes Risiko zu arbeiten, um mit der besseren Bezahlung den notwendigen finanziellen Horizont zu erreichen.

Schnell fanden sich plötzlich Arbeitsplätze mit guter Bezahlung. Obwohl ich sämtliche Versicherungen privat, also selbst, tragen musste, ging es aufwärts. Das Geld sprudelte. Bremsklotz war der Kreditgeber. Ihm war ich nun als alleinige Kreditnehmerin und als Frau „zu alt", das erfuhr ich in einem Vieraugengespräch. Die freiberufliche Tätigkeit erschien der Hypotheken gebenden Bank zu unsicher, trotz der inzwischen wieder regelmäßigen Ratenzahlungen, und zu langfristig.

Konsequent wurde aufgrund der Grundbuchlage lieber die Versteigerung des privaten Hauses, in guter Lage, eingeleitet. Nach der ehelichen Trennung wurde mir die wirtschaftliche Trennung aus dem gemeinsamen Unternehmen, in dem ich längst nicht mehr arbeitete, solange verwehrt, bis der Konkursverwalter die Grundbucheintragungen versilberte. Die Bank wollte von mir keine Hypotheken-raten, sondern lieber schnell und sicher Kasse machen, so kam es mir vor. Nur einen Tag nach dem Tod meiner Mutter erfolgte die Versteigerung.

An dieser nahm ich teil, um zu sehen, ob die Vertrauensperson, die sich bei mir als solche ausgab, das Haus auch für mich ersteigerte. Als Basis für neue alleinige Kreditverhandlungen sollte das Privathaus aus den Verstrickungen zum Unternehmen herausgefiltert werden. Doch der Ersteigerer lächelte mich danach kühl an: „Das Haus behalte ich." Wie sich später herausstellte, war es ein sehr guter Kunde der Bank, bei der sein Sohn arbeitete.

Der neue Ersteigerer riss das Haus ab und errichtete dort sechs Wohnungen. Auch ich hatte damals schon die Idee, mit einem Investor ein tragfähiges Kon-zept für den Kreditgeber zu erarbeiten, was ich auch mit ihm besprach, doch der Kreditgeber machte Druck, so dass ich dem Versteigerungsweg ohnmächtig zusehen musste und heute bei jedem Spaziergang an dem neuen Prachtbau daran erinnert werde.

Mein Anwalt, der ebenfalls mein hart verdientes Geld erhielt, um das Schlimms-te doch noch abzuwenden, sagte immer nur, alles liegt im Graubereich, dafür gibt es keine Gesetze. „Auch Ihre Rentenjahre der Selbstständigkeit, als Sie gemeinsam mit Ihrem Mann die Firma aufgebaut haben und Sie gesetzlich ver-sichert waren, bekommt der Konkursverwalter Ihres Mannes. Man geht davon aus, dass Sie als Ehefrau, später Mitinhaberin, nicht weisungsabhängig waren. Sie müssten beweisen, dass Ihr Mann Ihnen die Arbeiten zuwies."

Der Anwalt konnte trotz sogenanntem Vertrauensschutz, den ich bei der BfA Berlin mehrmals beantragte, nicht verhindern, dass etliche Jahre meiner Renten-beiträge nun auch noch in die Konkursmasse meines Mannes flossen. Zwar erreichte ich mithilfe meines Anwalts, der politisch engagiert war, dass dieser Missstand auch politisch korrigiert wurde, doch meine Renten-Minusrunden haben lebenslang Bestand. Meine gesetzlichen Rentenbeiträge sind an den Konkursverwalter gezahlt worden, so dass dieses Desaster auch im Alter lebendig bleibt und mit jeder Rentenerhöhung schmerzlich erneuert wird.

Dennoch, mit guter Arbeit, Konsequenz, Zielstrebigkeit begann ich mit Anfang fünfzig neu, total neu! Ich machte mich selbstständig mit einer Arbeitsagentur, für mich war es ein No-Go, dass man angeblich zu alt für den Markt ist.
Da steuerte ich gegen.

Es klappte!

Arbeiten, arbeiten! Viel arbeiten, wie in den Jahre zuvor, so klappte nun auch der Neuanfang, auch als alleinstehende Frau im besten, leistungsstarken Alter, das Arbeitgeber und Banken seltsamerweise oft als „zu alt" bezeichneten. Warum?

Heute geht es mir gut.

Fazit:

- Nicht auf andere negative Tipps hören!
- In sich selbst hineinhören, was Frau kann!
- Das einfach machen!
- Loslegen, auch wenn es unperfekt ist!
- Die Lernerfahrung macht später die Perfektion aus.

Nachlese:
Wenn ich heute, fast dreißig Jahre später, erfahre,
dass es Frauen an manchen Schnittpunkten
ähnlich ergeht, dann ist es umso wichtiger zu wissen,
es gibt Licht am Horizont.

Vertrau Dir selbst! Gib nicht auf!

Wenn jemand sagt:
„Es geht nicht!"
Denke daran,
es sind seine Grenzen –
es sind nicht Deine Grenzen!

Corinna, 60

Trau' Dich –
trenn' Dich!?

Da ist es wieder: dieses dezente Klopfen; der Schmerz in meinem Kopf. Meine Hand sucht sich ihren Weg zu der Stelle und erschreckenderweise merke ich, dass ich eine dicke Beule an meinem Kopf fühle. Beule? Habe ich mich gestoßen? Mir will nichts dazu einfallen. Wieder fährt meine Hand über diesen Wulst. Länger verweile ich an dieser Stelle und so langsam habe ich einen vagen Verdacht und die Erinnerung kommt zurück. Das kann nicht sein ...das ist zu lange her ... unmöglich! Nach so langer Zeit ... Die Gedanken schießen blitzartig durch meinen Kopf. Ich möchte Gewissheit!

Mir schnürt sich die Kehle zu und ich bin wie gelähmt. Meine Hände wollen mir irgendwie nicht gehorchen, um die Telefonnummer von meinem Hausarzt zu wählen. Doch dann gelingt es mir: Ich bekomme am nächsten Morgen direkt einen Termin.

Je mehr ich versuche, den aufkommenden Gedanken zu verdrängen, desto mehr krampft sich mein Herz zusammen. Im Bett kann ich kaum auf dem Hinterkopf liegen, denn es schmerzt ziemlich und die Stelle ist druckempfindlich. Verschiedene Bilder schieben sich vor meine Augen: Ich versuche zu schlafen und diese Erinnerungen zu vertreiben. Vergeblich! Ich stehe auf und schaue „Pretty Woman". Das hilft ... Dann schlafe ich vor dem Fernseher ein ...

Am anderen Morgen mache ich mich schnell fertig, wasche meine Haare und da ist er wieder: Mein „Knubbel"! Wieder fühle ich über diese Stelle und mein Verdacht erhärtet sich. Doch da sind auch Zweifel ... Ängste ...

Schnell angezogen, gefrühstückt, ins Auto, den Motor angelassen und zehn Minuten später sitze ich im Arztzimmer. Ich weise auf meinen „Knubbel" und meine Schmerzen hin. Vorsichtig tastet der Arzt über die Stelle, drückt etwas und fährt in kleinen Kreisen über den Knubbel. „Hm, eher ziemlich hart, so als hätte sich etwas verkapselt." Also doch ... es ist die gleiche Stelle ... der Verlauf der Narbe? „Er scheint in der letzten Zeit gewachsen zu sein", ergänze ich. Angstvoll warte ich auf eine Diagnose. Bitte, bitte kein Tumor, denke ich. Meine Handflächen werden feucht.

Etwas mitleidig schaut er mich an. Er kennt meine Geschichte! „Hier hat sich anscheinend ein Fremdkörper abgekapselt! Da sollten Sie besser zu einem Chirurgen gehen. Der muss sich das mal anschauen." „Anschauen? Was heißt das?" Ich merke, wie mir richtig heiß wird.

„Naja, kann sein, dass der Chirurg die Stelle öffnen muss. Mehr kann ich wirklich nicht sagen. Ich mache Ihnen eine Überweisung fertig."

Kaum zu Hause, terminiere ich für den nächsten Tag einen Termin beim Chirurgen. Aufgeregt sitze ich im Wartezimmer. Mein Name wird aufgerufen und dann treffe ich den Chirurgen. Nachdem ich mein Anliegen vorgebracht habe, schaut er sich meinen „Knubbel" an, drückt etwas, streicht die Haare weg und drückt etwas fester. Mein schmerzhafter kleiner Aufschrei lässt ihn innehalten und dann mit einem kurzen Kommentar: „Das sollten wir vor Weihnachten noch operieren", abschließen. Er bestätigt letztendlich die Vermutung von mir und meinem Hausarzt, dass sich ein Fremdkörper über die Jahre abgekapselt und die Schmerzen und die Beule verursacht hat. Also doch ... Nach der langen Zeit ... Alles bricht wieder auf ... Vergessene Gefühle bahnen sich ihren Weg zu meinem Herzen ...

Der Chirurg beruhigt mich: Es ist nur ein ambulanter Eingriff in der Praxis, der mit Betäubung ca. eine ¾ Stunde dauert. Dann können noch eine Woche danach Kopfschmerzen auftreten und ich werde zwei Wochen krankgeschrieben. Vor Weihnachten werden auf jeden Fall die Fäden gezogen und dann kann ich mir auch wieder die Haare waschen.

Vor Weihnachten? Ich bin entsetzt; das sind noch drei Wochen bis Heilig Abend. Ich muss doch noch einiges machen, habe Termine mit dem Chor, den Kindern etc. Eine OP am Kopf? Okay ... NUR ein KLEINER Eingriff aus medizinischer Sicht; doch aus emotionaler Sicht für mich eine große Sache und es erfasst mich ein mulmiges Gefühl.

Mutig vereinbare ich einen Termin und fahre wie betäubt nach Hause. Ich setze mich auf das Sofa und verfalle in eine leichte Schockstarre. Meine Kinder wissen nicht Bescheid, da ich sie erst einmal nicht beunruhigen möchte. Nur meine Freundin habe ich informiert. Meine Gedanken fahren Karussell und führen mich zurück zu einem warmen Tag im Juli vor acht Jahren ...

Es sind Sommerferien ... Die Kinder haben schulfrei ... ausschlafen, gemütlich frühstücken ...! Herrlich!

Die Sonne schien: schnell aufgestanden und geduscht, in Hose und Top geschlüpft, den Frühstückstisch gedeckt. Dann weckte ich die Kinder, die sich in räkelnder Weise aus dem Bett nach unten in die Küche bewegten. Mein damaliger Mann war wie üblich in unserem Büro im „Souterrain", um am PC die Zeit zu verbringen. Dieser kam aufgrund meines „Frühstück-ist-fertig-Rufes" nach oben in die Küche. Leider war es schon seit längerer Zeit nicht mehr das gemütliche Familienfrühstück, sondern ein gezwungenes Lächeln und aufgesetzte Höflichkeit – „der Kinder willen" – beherrschten inzwischen die Atmosphäre. Wie gerne hätte ich wieder zu einem harmonischen Miteinander gefunden, doch wusste ich es schon länger: nicht mehr mit diesem Mann.

Die Ferien waren bis jetzt schrecklich: Er war vier (!!!) Wochen zu Hause und ich – aufgrund meiner Selbstständigkeit recht flexibel – konnte mich auch so um die Kinder kümmern und ein paar Aktivitäten planen. Mein jetziger Ex zog sich damals schon seit einiger Zeit zurück, wenn wir etwas unternommen haben, und so bin ich oft mit den Kindern alleine losgezogen ...

Das Frühstück quälte sich so dahin und ich fragte mich – wie schon so oft –, ob ein Frühstück ohne ihn nicht wesentlich entspannter wäre. Inzwischen bekam ich in seiner Gegenwart kaum einen Bissen herunter. Er schmierte nur stumpf sein Brot, schaute auf den Teller und ich bestritt mit meinen beiden lebhaften Kindern die Unterhaltung. Sie sollten schließlich so wenig wie möglich mitbekommen. Schöne Illusion!

Nachdem wir uns überlegt hatten, wo wir mit dem Fahrrad – ohne den Papa – hinfahren wollten, die Inhalte des Picknickkorbes besprochen hatten, flitzten die beiden in freudiger Erwartung nach oben. Wir blieben am Frühstückstisch sitzen, um wieder mal – wie so oft – über unsere Beziehung zu sprechen. Ein Wort gab das andere und als mir schließlich mein damaliger Mann wieder mal eine unverschämte Bemerkung an den Kopf warf, schüttete ich ihm den lauwarmen Tee ins Gesicht. Zugegeben, es war keine rationale Maßnahme und Beherrschung sieht anders aus. Doch bin ich auch nur ein Mensch und irgendwann konnte ich diese Situation nicht mehr ertragen.

„Lieber ein Ende mit Schrecken als ein Schrecken ohne Ende", wünschte ich mir so oft. Doch er wollte mich nicht gehen lassen ...

Nachdem der Tee nun meinem damaligen Mann über die Brille lief, stand ich auf, stellte die Tasse ab und wollte die Küche verlassen. Er sprang jedoch um den Tisch herum und hielt mir die Türe zu. Ich bekam Panik, denn ich sah sein wutverzerrtes Gesicht und bekam Angst. Doch er war starker und ließ mich nicht durch. Ich schrie: „Lass mich raus!", und dann passierte es: Er schlug mir in hohem Bogen von oben den rot-weiß-karierten Kaffeebecher auf den Kopf.

Ich wusste gar nicht, wie mir geschah; mir wurde es auf einmal so warm und mein Blick trübte sich. Ich hatte das Gefühl, wie durch einen Wattenebel zu schauen, ich schwankte ein wenig und verdrehte meine Augen. Mein Kopf tat plötzlich so weh! Mein damaliger Mann verließ die Küche, machte die Türe zu (wahrscheinlich aus Rücksicht auf meine Kinder) und ich sank einfach auf unsere Eckbank, da mir die Beine wegzuknicken drohten. „Die Kinder", dachte ich mir ... Ich blickte an mir herab und wunderte mich, dass sich mein vormals rosafarbenes Top nun rot verfärbte, konnte mir den Grund vorerst nicht erklären. Ich hielt meinen Kopf, öffnete die Küchentüre und rief mit der mir verbliebenen Kraft nach meiner Tochter.

Diese kam die Treppe hinuntergestürzt, schaute mich schockiert an, stieß dann einen Schrei aus und rief nach meinem damaligen Mann. Dieser reagierte zunächst nicht, dafür kam mein neunjähriger Sohn hinzu und war sprachlos. „Warum blutet die Mama?", hörte ich noch seine ängstliche Frage. Dann kam mein damaliger Mann aus dem Büro und meine Tochter sagte, er solle den Krankenwagen anrufen. „Brauchen wir nicht", meinte er. Meine Tochter schnappte sich das Telefon aus der Brusttasche des Hemdes von meinem damaligen Mann, welches er dort vor ihr verborgen glaubte. Diese floh mit dem schnurlosen Telefon in den Garten, wählte den Notruf, um schnellstens Hilfe anzufordern.

In der Zwischenzeit hatte ich mich durch den Flur ins Wohnzimmer geschleppt, war dann zusammengebrochen, lag auf dem Parkett und stand wohl unter Schock. „Nur nicht einschlafen", „nur nicht einschlafen", spulte ich immer wieder die gleiche Phrase ab. Mein damaliger Mann hatte mir in der Zwischenzeit ein Küchentuch auf die blutende Kopfwunde gepresst, doch waren die Fliesen im Flur und die Wände von Blutspuren und meinen Fingerabdrücken verziert. Dann gab er Anweisung, dass mein Sohn im Flur das Blut aufwischen könnte, doch war diesem kleinen Kerl total schlecht – er stand wie ein Häufchen Elend neben mir und schaute zu mir hinunter. Er verstand die Welt nicht mehr. Diesen Augenblick werde ich niemals vergessen, wie traurig er aus seinen großen blauen Augen schaute.

Ein unglaublicher Ekel befiel mich, als ich wehrlos erdulden musste, wie mein damaliger Mann mich berührte. „Weg! Weg!", brüllte es innerlich in mir, doch es kam nur ein unverständliches Krächzen aus meiner trockenen Kehle. Ich konnte nicht mehr richtig sprechen. Es hatte mir im wahrsten Sinne des Wortes die Sprache verschlagen. In diesem Moment schwor ich mir, dass ich nie wieder in so einer Hilflosigkeit erstarren wollte.

Dann erfolgte ein Dröhnen über unserem Haus und ich deutete richtig: Es war ein Hubschrauber. Parallel dazu klingelte es an der Haustür. Meine Tochter öffnete der Polizei und dem Notarzt mit den Sanitätern. Im Nu füllte sich unser Wohnzimmer mit vielen fremden Menschen. Der Polizist fragte, wie das passiert wäre. Um keine Missverständnisse aufkommen zu lassen, sammelte ich meine ganze Kraft, um zu antworten. Doch meine Tochter erklärte entschlossen, dass ihr Vater mir eine Tasse auf den Kopf geschlagen hätte. Der Polizist führte meinen damaligen Mann aus dem Zimmer, eine Polizistin kümmerte sich um die Kinder und der Notarzt um mich. Die Verschlüsse des Arztkoffers schnappten auf und Kompressen, Infusionen kamen zum Vorschein. Dann bekam ich nur noch alles wie durch einen Nebelschleier mit. Mein einziger Gedanke: Ich war in Sicherheit und würde nicht verbluten. Schließlich hatte ich die Kinder … Apropos Kinder!

Eine liebe Freundin war zwischenzeitlich aufgrund eines Anrufes meiner Tochter eingetroffen und übernahm die Kinder, die völlig fassungslos dem Geschehen beiwohnten. Die Drei setzten sich draußen vor dem Haus auf die Bank. Mein Sohn war fasziniert von den flackernden Lichtern der Polizei-, Notarzt- und Krankenwagen. Den Hubschrauber hatte die Polizei abbestellt. Dieser war sowieso in der Nähe gewesen und deshalb auch so schnell vor Ort. Dieser hätte mich – aufgrund der von meiner Tochter geschilderten Kopfverletzung – in ein Krankenhaus mit neurochirurgischer Abteilung geflogen. So reichte jedoch die Anfahrt mit dem Krankenwagen.

Auch gab es ein kleines Aufgebot an Nachbarn, die dieses Spektakel in unserer Sackgasse wohl mit Entsetzen beobachteten. Ihr Blick galt der Trage und meinem Kopfverband und ein mitleidiges Lächeln in ihren Augen sollte mir wohl Mut machen. Aus dem Augenwinkel sah ich meine traurigen Kinder auf der Bank mit meiner

Freundin sitzen. Gerne hätte ich ihnen ein „Alles wird gut!" zugerufen, doch war ich dazu nicht in der Lage und ich hatte genug mit mir selbst zu tun.

Im Krankenwagen empfing mich dann der Notarzt, legte noch eine Infusion und erneuerte meinen Kopfverband, der inzwischen durchgeblutet war. „Können Sie mir sagen, was passiert ist?", lautete seine Frage und „Wie viele Finger sehen Sie?" Dann pflückte er aus meinem Dekolleté ein paar rot-weiße Splitter – die Überbleibsel des „Corpus Delicti". Die Polizistin kam in den Krankenwagen, schaute auf die Splitter und meinte nur, dass es sich hier um eine schwere Körperverletzung handelt und sie die Anzeige entsprechend aufsetzen würde. Das muss nicht das „Opfer" machen, sondern das erledigt die Polizei. Doch erst einmal sollten wir ins Krankenhaus fahren und sie würde mich dann „besuchen".

Dann wurde das Martinshorn eingeschaltet und es ging los. Die Blutung wollte nicht aufhören und ich wurde immer schwächer. Mein Blick galt meinen Fingern, die blutverschmiert auf der Trage lagen. Immer wieder klappte ich die Hände zusammen, auseinander, zusammen, auseinander, zusammen, auseinander ... Es fühlte sich ziemlich klebrig an. Ich wollte wenigstens etwas tun und wurde immer unruhiger. Mein Kreislauf spielte etwas verrückt und der Schock tat sein Übriges.

Dann fuhren wir in die Notfallschleuse beim Krankenhaus ein und im Eilschritt wurde ich in die Notaufnahme gebracht, wo schon ein Arzt und eine Krankenschwester auf mich warteten. Nach ein paar kurzen Fragen und der Unfallaufnahme wandten sie sich meiner Verletzung zu. In einer einstündigen ambulanten Operation wurden mir (anscheinend nicht) alle Splitter aus der Kopfwunde „gepickt" und ich wurde dann anschließend geröntgt, damit auch keiner übersehen wurde. Des Weiteren stellten sie noch eine schwere Gehirnerschütterung fest. Somit war mein fünftägiger Krankenhausaufenthalt besiegelt. Ich wurde ins Zimmer auf die Station gebracht, bekam einen Tropf mit Schmerz- und Beruhigungsmitteln zur Kreislaufstabilisation und lag mit meinen blutverschmierten Sachen auf dem Bett. Meine weiße Hose sah mit den roten Blutflecken schlimm aus. Doch erst einmal war ich froh, nach dieser ganzen Prozedur im Bett zu liegen. Vor Erschöpfung schlief ich ein ...

Dann klingelt das Telefon und holt mich wieder zurück in die Gegenwart. Meine Freundin erkundigt sich nach der Diagnose und will wissen, wie es weitergeht.

Den OP-Termin verschiebe ich doch noch einmal, denn ich bekomme Angst. Was ist, wenn es mir nicht gut geht, wenn die Genesung länger dauert? Schließlich ist Weihnachten und ich möchte das doch den Kindern, auch wenn sie mittlerweile schon 17 und 20 Jahre sind, schön machen und nicht Weihnachten mit einem Verband vor dem Tannenbaum sitzen. So verschiebe ich den Eingriff auf Januar.

Es geht dann auch alles gut; während der OP muss ich immer wieder an den zurückliegenden Eingriff vor langer Zeit denken, als der Oberarzt in mühevoller Kleinarbeit die Splitter aus der Kopfwunde geholt hatte. Ein paar hat er dann wohl doch übersehen ... Über der Naht prangt nun ein großes Pflaster und die abrasierten Haare werden wieder nachwachsen. Die Wunde in meinem Herzen, die wieder aufgerissen wurde, wird erst einmal die Erinnerung an damals wachhalten. Doch dann werde ich wieder lernen, damit umzugehen und dieses Ereignis nicht über mich Besitz ergreifen zu lassen.

Die „Fremdkörper" werden zur Identifizierung in ein Labor geschickt. Eine Woche später, als ich zum Fädenziehen wieder bei meinem Arzt bin, überreicht er mir als Beweis ein Tütchen, welches ein paar kleine rot-weiße Keramiksplitter enthält ...

Heute geht es mir richtig gut, denn ich fühle mich leicht und ich habe es geschafft, einen guten Weg zu finden, mit dem damaligen „Ereignis" klarzukommen. Nach etlichen Prozessen rund um meine Trennung, vielen Wortgefechten mit meinem Ex, ist so langsam Ruhe eingekehrt. Doch ohne fremde Hilfe hätte ich es nicht geschafft. So habe ich mir Unterstützung durch einen Therapeuten geholt, der mir geholfen hat, Techniken anzuwenden, um alles besser verarbeiten zu können und meinem Ex-Mann mit Stärke zu begegnen. Ich habe es später sogar geschafft, meinem Ex-Mann meine Haushälfte abzukaufen und einen neuen Partner zu finden. Das liest sich einfach, doch es brauchte seine Zeit.

Ich bin dabei, alles in einem Buch zu verarbeiten, und sehe das, was passiert ist, als Chance. Hätte ich damals nicht die Tasse auf den Kopf bekommen, wäre ich wahrscheinlich niemals auf die Idee gekommen, mich mit der Thematik „Häusliche Gewalt" auseinanderzusetzen und eine Coachausbildung zu machen. Hätte niemals beschlossen, ein Trennungsmanagement aufzubauen, um den Frauen Unterstützung anzubieten,

1. die sich trennen wollen, es noch nicht können,
2. gerade in Trennung leben und
3. die getrennt sind,

oder meine Erfahrungen weiterzugeben ...

Und ich beschließe: Nie wieder wird mich jemand (ein Mann schon gar nicht) so verletzen. Und keine andere Frau darf DAS mit sich machen lassen. Niemals! Es ist kein Ausrutscher, sondern manchmal erst der Anfang. Wer Mut hat, der vertraut sich, und demzufolge traut er sich, seine Ziele zu erreichen und dafür eventuelle Unannehmlichkeiten in Kauf zu nehmen. Habe den Mut:

„Trau' Dich – trenn' Dich!"

Trau' Dich – trenn' Dich!?

Von Grenzen und Freiheit – und vom Sein

Einen Beitrag von mir in einem Buch öffentlich zu machen, bringt mich ganz schnell an meine Zweifel.

Und zu den Fragen:
Darf ich das?
Kann ich das?
Will ich das?

Und doch hat der Gedanke eine Anziehung, die mich dazu gebracht hat, am letzten Tag der Abgabefrist eine Mail mit einer ersten Version abzuschicken.

Es ist ein Spiel mit meinen Grenzen, bei dem ich ziemlich sicher wachsen werde. Ich springe also, mache mich verletzbar und lebendig damit.

Das Gedicht „Der Panther" von Rainer Maria Rilke hat mich schon früher sehr berührt. Ich hatte es in Schönschrift abgeschrieben und so hing es an meiner Zimmerwand in meinem Teenie-Zimmer. Sein Gedicht drückte aus, was ich selbst nicht in Worte fassen konnte: Das Gefühl, eingesperrt zu sein, die Welt vorüberziehen zu sehen, die Hilflosigkeit und Ohnmacht, die mich manchmal noch heute begleiten.

DER PANTHER
IM JARDIN DES PLANTES, PARIS
Sein Blick ist vom Vorübergehn der Stäbe
so müd geworden, daß er nichts mehr hält.
Ihm ist, als ob es tausend Stäbe gäbe
und hinter tausend Stäben keine Welt.

Der weiche Gang geschmeidig starker Schritte,
der sich im allerkleinsten Kreise dreht,
ist wie ein Tanz von Kraft um eine Mitte,
in der betäubt ein großer Wille steht.

Nur manchmal schiebt der Vorhang der Pupille
sich lautlos auf – Dann geht ein Bild hinein,
geht durch der Glieder angespannte Stille –
und hört im Herzen auf zu sein.

Rainer Maria Rilke

Vor einer Weile bin ich knapp an einer größeren Krise vorbeigeschifft und habe in vielen Seminaren, Büchern und in der Stille Antworten gefunden, die mich aus dem passiven Erleben ins aktive Gestalten meines Lebens bringen. Dabei bin ich vielen wunderbaren Menschen begegnet, die mir verschiedenste Impulse mitgegeben haben. Auch die Familienbiografische Arbeit hat mir dabei sehr geholfen. Heute, mit über vierzig Jahren, finden meine Gefühle und mein bisheriger Weg Ausdruck in einer Abwandlung von Rilkes Gedicht:

> Die Pantherin
>
> von Grenzen und Freiheit
> - und vom Sein
>
> Ihr Herz ist vom Vorübergehen der Stäbe
> so müd geworden, dass sie's kaum noch hört.
> Ihr ist, als ob es tausend Stäbe gäbe
> und hinter tausend Stäben ein leerer Ort.
>
> Auf vorgetretenen Wegen geht sie leise Schritte.
> Sie erkennt, dass es gar nicht ihre Grenzen sind
> und tanzt in Kreisen zu ihrer wahren Mitte,
> die Suche nach ihrem eigenen Leben beginnt.
>
> Und manchmal öffnet sie ihr Herz ganz weit.
> Dann geht der Moment ganz tief hinein.
> Sie fühlt das Leben, den Schmerz und die Freiheit
> und fängt im Herzen an zu sein.

Ramona, 49

Nahtoderfahrung

Eine Nahtoderfahrung!

So nannte es eine meiner besten Freundinnen.
Das saß.
Sie hatte es ausgesprochen.

Gedacht hatte ich schon oft, dass ich dem Tod damals näher war als dem Leben. Doch von jemandem ausgesprochen – von außen angehört – lief mir bei den Worten ein eiskalter Schauer den Rücken herunter.

Ich fühlte mich damals genauso, wie Robbie Williams es in seinem Song `Feel` so passend beschreibt. Das Einzige, was ich wollte, war FÜHLEN. Meine Familie, die Sonne, die Tiere, die Natur ... Doch ich war taub. Nichts konnte mich mehr von außen erreichen. Kein Vogelgezwitscher, keine Wärme, keine Worte und keine Berührung. Ich war innerlich tot. Eigentlich lebte meine Seele schon auf der anderen Seite des Regenbogens. Ich war den Toten näher als den Lebenden ...

Ein Rückblick

Die sehr große Beanspruchung durch Beruf und Familie sowie nicht aufgearbeitete seelische Belastungen führten zu einem Totalstreik meines Körpers.

Da waren auf der einen Seite die neuen Herausforderungen, die mein Arbeitsplatz von mir forderte. Ein lang ersehnter Aufstieg in eine Position mit Ansehen und Prestige. Doch leider zum falschen Zeitpunkt. Befand ich mich doch gerade in einer familiären Phase, die all meine Kraft und Zeit erforderte: Ein vorpubertärer Sohn, eine traumatisierte Pflegetochter, Hund und Kater und ein beruflich erfolgreicher Mann wollten gemanagt werden. Ein Rennen gegen die Zeit, um alles unter einen Hut zu bringen!

Obendrein Ereignisse, die schlagartig wie Hagel auf mich einprasselten und für die ich mir keine Zeit zum Aufarbeiten nehmen konnte:

Sterblichkeit, Loslassen, Vergänglichkeit

Sterblichkeit

Ein Jahr vor meiner Erkrankung verlor eine Bekannte von mir, eine Mutter mit zwei kleinen Kindern, mit nur 38 Jahren den Kampf gegen den Krebs und starb.

Ich musste zusehen, wie ein Auto ein Eichhörnchen überfuhr.

Selbst überfuhr ich einen Vogel auf der Landstraße.

Einen weiteren verletzten Vogel fanden wir in unserem Garten. Anstatt dass wir es schafften, ihn aufzupäppeln, starb er noch in der folgenden Nacht in meinen Händen.

Loslassen

Unser Sohn wechselte von der Grundschule zur weiterführenden Schule und ging somit den von mir so gefürchteten Schritt in die immer größer werdende Unabhängigkeit.

Unsere Tochter verließ den Kindergarten und verwandelte sich von einem kleinen verschmusten Mäuschen in ein erwachsen sein wollendes Schulmädchen.

Vergänglichkeit

Wo war nur die Zeit geblieben? Warum wurden die Kinder so schnell groß? War die Zeit bereits vorbei mit den kleinen süßen kuschelbedürftigen Menschlein? Mussten sie denn so schnell wachsen?

Das ewige Brennen

Das Ganze endete nicht etwa mit einem Burnout oder einer Depression. Nein, mein Körper hatte sich für Schmerzen entschieden. Ich bekam Vulvodynie. Ein nicht enden wollendes und mich verzehrendes permanentes Brennen im Unterleib und Genitalbereich. Eine Symptomatik, die kaum ein Arzt kannte und die daher eine Odyssee zu zig Ärzten und Psychologen und vielen Fehlbehandlungen führte. Das Schlimmste jedoch: Eine Vulvodynie ist nach heutigen Kenntnissen, um es mal platt auszudrücken, ein Streich des Gehirns. Es liegt keine organische Ursache vor und trotzdem verstehen die Zellen im Gehirn: SCHMERZ!

Die drei Nachtgespenster

Das erste Gespenst

Ich hatte Schmerzen, die andere nicht sehen konnten wie bei einem Gipsbein. Keiner konnte nachvollziehen, dass ich krank war und dass ich gelitten habe. Ich weiß, dass viele gedacht haben, ich stelle mich an oder reagiere über ... müsse mich auch mal ein bisschen anstrengen und gegen die „eingebildeten" Schmerzen ankämpfen.

Das zweite Gespenst

Der Genitalbereich ist eine für die meisten Menschen, und somit auch für mich, ein sehr intimer Bereich, über den man ja nun so gar nicht in der Öffentlichkeit reden mag. Ich hatte also Schmerzen, die zutiefst peinlich für mich waren und mich in meiner ganz, ganz privaten Intimsphäre trafen.

Das dritte und beängstigendste Gespenst

Man kann Vulvodynie nicht sehen, nicht greifen, nicht medikamentös lindern oder heilen. Man muss damit leben lernen. Das wollte ich aber nicht! – Ich wollte einfach nur mein altes Leben wieder zurückhaben!!!

Ich hatte fürchterliche Angst, wahnsinnig zu werden und komplett den Verstand zu verlieren. Was für ein Albtraum!!!

Die Depression

Wegen der Hilflosigkeit der Ärzte und keiner Aussicht auf Heilung der Krankheit überwältigte mich eine Riesenwelle der Panik. Hoffnungslosigkeit und Verlorenheit rissen mich in eine einsame Welt, in der es dumpf und dunkel war. Niemand konnte mich dort mehr erreichen. Ich verlor gefühlt den Kontakt zu meinen Mitmenschen. ICH FÜHLTE MICH VÖLLIG ALLEIN. Die Angst, verrückt zu werden, erdrückte mich.

Der verbotene Notanker als letzten Ausweg, wenn nichts anderes mehr greift

So wollte ich nicht weiterleben. Ich wusste, das Leben kann so schön sein. Die zwitschernden Vögel, das Lachen meiner Kinder, die Sonne … all das wollte ich wieder fühlen können. Doch auf der verzweifelnden Suche nach Hilfe, die mir keiner stellen konnte, erschien mir die Lage immer aussichtsloser. Also dachte ich mir eine Notlösung aus. Sollten alle Unternehmungen, mich von den Schmerzen zu befreien, erfolglos bleiben, blieb ja immer noch der Freitod. Denn klar war: Mit den Schmerzen kann und will ich nicht weiterleben. Wenn ich die Welt nicht fühlen kann, dann will ich lieber tot sein. (Robbie Williams: I don't wanna die – but I ain't keen on living either)

Auf dem Weg zur Psychotherapie parkte ich mein Auto stets in einem Parkhaus. Ein mehrstöckiges hohes Parkhaus. Ich bemerkte die nicht ganz durchgängige Balustrade der einzelnen Etagen. Oben auf dem fünften Geschoss trat ich zwischen die Betonpfeiler und malte mir aus, wie es wäre, dort herunterzuspringen. Was man während des Fluges wohl fühlt oder denkt? Nur ein kurzer unangenehmer Moment, doch dann nach dem Aufschlag die Erlösung? Es gruselte mich, dass ich solche Gedanken hatte. Ich schämte mich und ich hatte das Gefühl, etwas Verbotenes zu denken. Meine Angst, dass ich weggesperrt werde, wenn jemand von meinen Gedanken erfuhr, war so unglaublich groß. Also redete ich mit niemandem darüber.

In der Vergangenheit hatte ich stets unglaubliche Angst vor dem Tod. Doch in meiner verzwickten Situation wurde der Tod für mich immer mehr zum Freund, der mich aus dieser Folter, diesen Schmerzen UND dem Gefühl, verrückt zu sein, befreien konnte.

Doch irgendwie spürte ich tief im Inneren, dass es eventuell noch Möglichkeiten gibt, aus dem Dilemma herauszukommen. Es wäre zu schade, jetzt schon alles hinzuwerfen, denn eigentlich liebte ich das Leben. Also gab ich mir einen erneuten Ruck und ging zur Therapie, anstatt noch länger in diesen grauen Abgrund zu starren. Aber sollte sich mir gar kein Ausweg mehr aufzeigen, wäre dies meine Notlösung, um dem Leid ein Ende zu bereiten. Diesen Gedanken packte ich tief in mir in eine kleine geheime Schublade und verschloss diese zunächst. Den Schlüssel hob ich an einem geheimen Ort in meinem Innersten gut auf.

In kürzester Zeit erhielt ich einen Therapieplatz in einer Schmerzklinik. Ich hoffte auf eine Tablette, die mich von dem Brennen befreien konnte. Oder auf Ärzte, die mich verstanden und mich seelisch von … was auch immer … heilen konnten. Doch schnell begriff ich, dass diese Ärzte und Therapeuten ebenfalls im Dunkeln tappten. Aus der Not heraus steckten sie mich in irgendwelche sinnlosen Entspannungs- oder Angsttherapiegruppen. Wieder schwand meine Hoffnung auf Heilung. Ich ertappte mich regelmäßig, wie ich auf meinem Balkon stand und in die Tiefe starrte. Folgende Gedanken gingen mir durch den Kopf:

Nur ein kleiner Schritt ...
Wenn man mal gesprungen ist,
gibt es kein Zurück mehr ...
Sicher tut es weh ...
Aber danach ist alles gut ...
Im Notfall habe ich eine Lösung ...
Ich kann dem ewigen Schmerz ein Ende setzen ...
Wird Gott mir sehr böse sein?
Werde ich dann noch in den Himmel kommen?
Es muss aber sitzen ... darf nicht schiefgehen.
Ich darf das keinem erzählen ...
Die sperren mich ein ...
Ich komme in die Klapse ...

Ich schämte mich innerlich so sehr für meine Gedanken. Diese Gedanken, mein Leben wegzuwerfen, beschämten sicher meine Eltern, die mich gewollt, gezeugt, geboren und mit viel Liebe großgezogen haben. Sie beschämten meinen Ehemann, der mich liebt und mit mir alt werden möchte. Der sich auf mich als seine Partnerin und Mutter seiner Kinder verlässt. Meinen Kindern würde ich die Grundlage für ein Leben mit Trauma bieten. Und Gott wäre vermutlich unversöhnlich, weil ich das von ihm mir geschenkte Leben so einfach wegwerfen würde. Ich hasste mich für meine Gedanken. Wie viele Menschen würde ich enttäuschen? Wie vielen Menschen würde ich weh tun. Musste ich mein Unglück auch noch zu ihrem machen? Und war mein Unglück tatsächlich so groß, dass ich es nicht weiter versuchen konnte, den Fokus von dem dunklen Fleck in meinem Leben hinwegzulenken? Konnte ich nicht doch irgendetwas finden, dass mir das Leben trotz Schmerz lebenswert machen konnte? Meine Ärztin nannte es „Pluspunktesammeln". Nichts wollen, nichts müssen, nichts können wollen. Einfach nur sein.

Immer mehr beschlich mich zeitgleich die Erkenntnis, dass ich mein „Problem" mit dem Brennen wohl nie lösen werden könnte. Aber ich könnte es vielleicht annehmen und akzeptieren. Konnte ich nicht vielleicht trotzdem weiterleben? Viele Menschen leben trotz Schmerzen oder Leid weiter. War ich vielleicht verwöhnt und anmaßend, mir ein völlig sorgenfreies und leichtes Leben zu wünschen? War es nicht an der Zeit, sein Schicksal in die Hand zu nehmen und „dem Feind ins Auge zu sehen"?

Eine Therapeutin fragte mich einmal, wenn ich ein Buch in den Händen halte, das meine Lebensgeschichte beschreibt, ... wie ginge diese Geschichte von meinem damaligen Ausgangspunkt weiter? Vor meinem inneren Auge sah ich zu der Zeit mit den großen Schmerzen nur leere Blätter ... Heute, nachdem ich viele Monate lang „Pluspunkte sammelte" und den inneren Schalter für RESET gefunden habe, entdecke ich immer neuere Perspektiven für mich. Heute sind die kommenden Seiten meines Lebensbuches wieder voll und bunt. So voll mit wunderschönen Bildern, dass ich täglich für ein so langes Leben bete, dass ich all die schönen Dinge auch allesamt noch erleben kann.

Warum meine Geschichte Mut macht

Schlussendlich habe ich begriffen, dass ich überhaupt kein kleines bisschen wahnsinnig wurde oder auf dem Weg war, verrückt zu werden. Ich fühlte mich lediglich sehr alleine mit meinen schrecklichen Gedanken an den Tod. Und ich möchte mich nie mehr schämen müssen für diese verzweifelten Gedanken, die ich damals hatte. So sehr, wie mich mein Körper in dieser Einsamkeit und Taubheit zurückgelassen hatte, fühlte es sich doch immerhin bereits wie tot sein an.

Mit meiner Depression und meinen Schmerzsymptomen war ich an einem Punkt in meinem Leben angelangt, an dem möglicherweise viele Menschen in anderer Art und Weise einmal stehen. Ein Wendepunkt, an dem mir mein Unterbewusstsein erklärt hat, dass ich mit meiner Entwicklung von meinen inneren Werten abgekommen war. Ich hatte die Beziehung zu meiner inneren ursprünglichen Welt verloren. Mein Körper hat mir dies mit Schmerzsymptomen und schlussendlich mit einer Depression gebüßt. Es ist in einer solchen Situation unausweichlich, sich selbst zu reflektieren, um herauszufinden, an welcher Stelle man so einseitig geworden ist. Welches Leben möchte da eigentlich auch noch gelebt werden?

Meine Symptome sind nicht gänzlich verschwunden. Aber ich habe sie akzeptiert und angenommen. Es gibt Perspektiven, wie ich mit den Schmerzen leben kann. Ich habe das Problem nicht gelöst, aber ich habe es überwachsen lassen. Es liegt unter einer dicken Grasschicht aus Pluspunkten und schönen Momenten meines Lebens, die ich mir selbst geschaffen habe.

Wenn man glaubt, dass es andere Menschen oder gar eine Tablette gibt, die einen aus solch einer Lebenskrise herausholen, dann kann man lange warten. Es gibt nur die eine Chance: Man muss sich selbst an den eigenen Haaren aus diesem Sumpf herausziehen. Auch wenn es ganz, ganz unbedingt liebevolle Menschen braucht, die einem dabei unterstützend und helfend zur Seite stehen!!! Aber rausholen muss man sich am Ende selbst.

Es dauerte lange, bis dass ich diesen Kampfgeist gefunden hatte. Aber ich habe es geschafft. Und ich war mir auch gut genug, mich dabei an jedem mir erreichbaren Strohhalm zu klammern und alle Hilfestellungen anzunehmen, die mir angeboten wurden. Therapien, Medikamente und das Durchziehen gravierender Veränderungen in meinem Leben, zu denen es verflixt viel Mut brauchte.

Daneben ist das Malen für mich sehr wichtig geworden, um mich kreativ ausdrücken zu können. Somit verarbeite ich meine Symptome und kann mich seelisch heilen. Am Ende habe ich es sogar geschafft, gestärkt aus der Situation herauszukommen.

Ein schöner, neuer dicker Pluspunkt für mich ist, dass ein Teil meiner Zeichnungen zu meinem Text hier mit abgebildet ist.

Vielen Dank an meine Familie
Vielen Dank an die BIKMONHILDs
Vielen Dank an das Leben

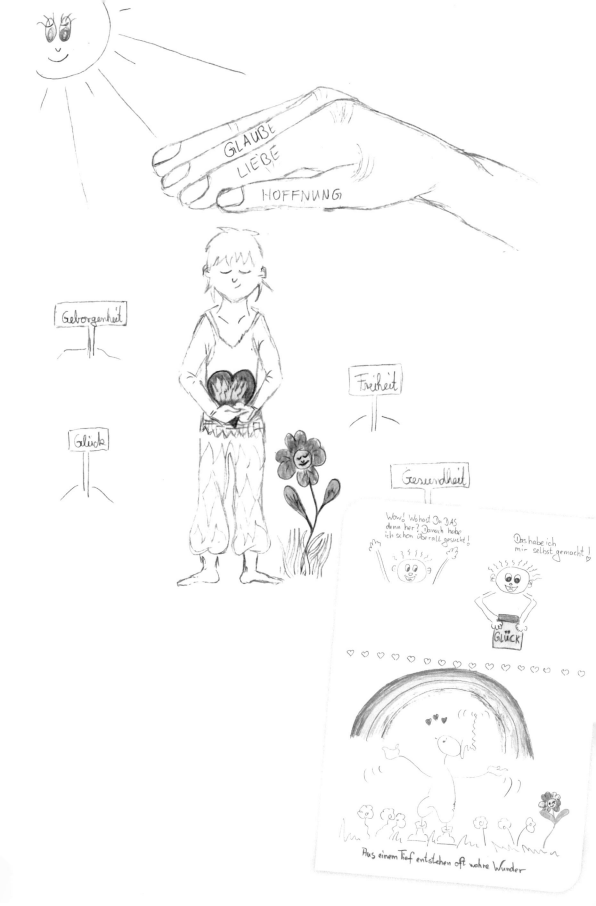

Frauke, 50

Das, was ich kann, möchte sein

Ich stehe in der Mitte des Lebens, bin verheiratet, habe drei Kinder.

Mein Anliegen ist es, von den Veränderungen der letzten zwei Jahre zu erzählen.

Dazu beginne ich aber etwas eher.

Insgesamt wird deutlich, dass es um meinen beruflichen Weg, meinen Bildungsweg, geht. Um ihn musste ich ringen und kämpfen. Zeitweise mit meinen Eltern, zeitweise mit mir. Dieser Weg dauert länger, als mir lieb ist. Aber dieser Weg ist der einzige, auf dem ich mir näherkomme und auf dem ich mich zeigen kann, der meine Wünsche und Begabungen leben und sein lässt.

Aufgewachsen bin ich von außen betrachtet idyllisch. Ich wohnte mit meinen Eltern und meinem Bruder in der oberen Wohnung eines Zweifamilienhauses, unten wohnten meine Großeltern. Uns umgab ein großer Garten, in dem Gemüse angebaut wurde. Außerdem hielten wir Tiere: Hühner, Enten, eine Katze, Schafe, zeitweise zwei Schweine und einen Bullen. Meine andere Oma wohnte zwei Gehminuten entfernt. Ich verbrachte viel Zeit bei meinen Großeltern oder draußen spielend mit Kindern aus der Nachbarschaft, vor allem Jungen. Zu Verwandten pflegten wir regelmäßigen und intensiven Kontakt.

Nach der Grundschule wechselte ich zur Realschule. Die Schule besuchte ich gerne, das Lernen machte mir Spaß. Allerdings fühlte ich mich als Heranwachsende immer etwas „anders". Ich hatte Freundinnen und Kontakte, aber es gab immer die Unerreichbaren, die Cooleren.

Mit der Mittleren Reife wäre ich gerne auf ein Gymnasium gewechselt, hätte gerne Abitur gemacht. Stattdessen landete ich in einer kaufmännischen Ausbildung. Durch diese kämpfte ich mich, mehr schlecht als recht.

Anschließend setzte ich mich gegen meine Eltern durch, begann auf dem zweiten Bildungsweg das Abitur zu machen. Außerdem zog ich zu Hause aus in ein Wohnheimzimmer der Schule.

Auch während dieser Schulzeit faszinierte mich das Lernen. Es fiel mir leicht. Mit dem Abitur begann ich ein Philosophie-Studium, welches ich nach zwei Jahren abbrach, um eine Ausbildung im medizinischen Bereich zu beginnen und erfolgreich zu beenden.

Inzwischen hatte ich meinen Mann kennengelernt. Einige Jahre wohnten wir in einem anderen Stadtteil. Nach der Geburt unseres ersten Kindes zogen wir in das Haus meiner Oma, zwei Gehminuten von meinen Eltern entfernt. Wir bekamen weitere Kinder. Meine Eltern unterstützten uns sehr.

Seit 1998 bin ich – sehr zufrieden – in meinem Beruf tätig, machte viele Fortbildungen sowie einen Bachelorstudiengang.

Eigentlich alles gut, aber ...

Irgendwie spürte ich zunehmend eine Unruhe und Unzufriedenheit. Ich hatte das Gefühl, mir fehle etwas, außerdem das Gefühl, nicht mein Leben zu leben. Mein beruflicher Werdegang, insbesondere das abgebrochene erste Studium, beschäftigte mich. Ebenso das Verhältnis zu meinen Eltern. Die beiden fühlen sich so unerreichbar an, geben wenig von sich preis. Einerseits unterstützen sie mich sehr, andererseits fühle ich mich nicht richtig gesehen.

Über eine Freundin lernte ich Mechthild kennen, durfte an ihrer einjährigen Fachausbildung zum Familienbiografischen Coach teilnehmen.

Die Genogrammarbeit ließ mich genauer auf meine Familiengeschichte schauen. Von Familientreffen kannte ich bereits viele „Geschichten". Die Namen, Geburts- und Sterbedaten vieler Angehörigen ließen sich leicht finden. Nun wurde mir jedoch bewusst, was diese „Geschichten" möglicherweise für die Personen, die sie erlebten, bedeuteten. Ich hörte davon, dass Traumata transgenerational weitergegeben werden können. Erkannte neue Zusammenhänge.

Meine Eltern wurden in Ostpreußen geboren. Ihre Eltern betrieben jeweils eine Landwirtschaft. Die Höfe lagen nicht weit voneinander entfernt im gleichen Ort. Mein Vater flüchtete im Januar 1945 im Alter von fünf Jahren mit seiner Mutter und seinen Geschwistern aus Ostpreußen. Sie lebten anschließend in Schleswig-Holstein, gelangten später ins Ruhrgebiet. Meine Mutter wurde mit ihrer Mutter und weiteren weiblichen Familienmitgliedern 1947 vom Hof vertrieben. Sie lebten eine Weile in Ostdeutschland, bevor sie ins Ruhrgebiet kamen. Beide Großväter gelangten in russische Kriegsgefangenschaft und fanden ihre Familien erst Jahre später wieder. Beide waren zu dem Zeitpunkt in schlechter körperlicher Verfassung.

Im Ruhrgebiet konnten beide Familien Fuß fassen. Sie lebten jeweils in Häusern mit großem Garten nicht weit voneinander entfernt. Meine Eltern lernten sich kennen und wurden ein Paar.

So wuchs ich umgeben von Eltern und Großeltern auf.

Während der familienbiografischen Fachausbildung verdeutlichte sich mir u. a. durch das Lesen von Erfahrungsberichten anderer betroffener Menschen, was meine Großeltern möglicherweise erlebt haben. Meine Eltern wuchsen in der (Nach-)Kriegszeit auf. Von Kriegskindern geschriebene Literatur brachten mir die Bedingungen, in denen meine Eltern ihre Kindheit verbrachten, näher. Heute denke ich, dass viele meiner Familienangehörigen Situationen ausgesetzt waren, die sie – sie würden es selbst womöglich nicht so bezeichnen – traumatisiert haben.

Über viele Dinge wurde in unserer Familie nicht gesprochen. Über andere Dinge wurde verklärt gesprochen – meine Großmütter sprachen z. B. von „der Heimat", wenn sie über Ostpreußen redeten. Beides verwirrte mich lange Zeit. Gefühlt machte ich einen Spagat zwischen der „weiten" äußeren Welt – Schule, Freunde, Nachmittagsaktivitäten – und der „engen" inneren Welt – Familie, Werte, Religiosität.

Es gibt in meiner Kindheit und Jugend mehrere Situationen, die ich negativ erinnere. Häufig hatte ich das Gefühl, in meinen Wünschen und in meinem Sein nicht ernst genommen zu werden und nicht unterstützt zu werden. Eigene Ideen, besonders in Bezug auf meinen beruflichen Werdegang konnte ich (zunächst) nicht durchsetzen. Auch in meinem weiteren Leben fiel es mir schwer, meine Meinungen und Wünsche klar zu vertreten und für mich einzustehen.

Nach der Fachausbildung kam ich zunächst etwas zur Ruhe. Einige Zeit später kehrte die innerliche Unruhe, verbunden mit kreisenden Gedanken, zurück. Das Gefühl, nicht mein Leben zu leben, verstärkte sich. Ich nahm erneut Kontakt zu Mechthild auf. Sie bot eine Schreibwerkstatt an. Vorbereitend schrieb ich bereits zu Hause. Ich versuchte, mich in den Lebenslauf meines Vaters und meiner Mutter hineinzudenken und hineinzuschreiben.

Da ich mit meinen Eltern über ihr Erleben und ihre Erfahrungen nicht reden kann, schien mir das die einzige Möglichkeit.

Dann veränderte sich die Situation. Mein Vater kam nicht mehr nach Hause. Ich spürte, dass meine Mutter sorgenvoller und angespannter wurde. Irgendwann packten wir unsere Sachen, nur das Nötigste, die Pferde wurden vor die Kutsche gespannt. Wir brachen auf, verließen unseren Hof, mein Zuhause. Wir flüchteten. Zu diesem Zeitpunkt war ich gerade fünf Jahre alt. Die „Reise" dauerte mehrere Wochen. Schon bald vermisste ich unser Zuhause. Die Weite, die Felder, die Freiheit. Von heute auf morgen musste ich viel sitzen. Ich durfte nicht mehr spielen. Ich musste auf das Wort meiner Mutter hören. Meine großen Geschwister passten auf mich auf. Ich fühlte mich eingeengt, aber ich machte die „Faust in der Tasche". Ich spürte, dass ich in dieser Situation gehorchen musste. Um uns herum passierten Dinge, die schrecklich waren. Niemand sprach mit mir. Niemand beantwortete meine kindlichen Fragen, die ich mich auch gar nicht zu stellen traute. Wir Kinder mussten funktionieren. Ich sah erschöpfte, verzweifelte, verletzte und tote Menschen. Hörte Schüsse, Bomben (?). Sehr traurig war ich, als unser Pferd verletzt und dann erlöst wurde. Wir gingen zu Fuß weiter. Meine Schwester konnte mich etwas trösten.

...

Ich bin in einem Krankenhaus in Ostpreußen geboren. Meine Mutter lebte auf einem Hof mit Landwirtschaft. Zwei Brüder meiner Mutter sind im Jahr vor meiner Geburt im Krieg gefallen. Auch mein Vater war als Soldat eingesetzt. Er kam immer wieder auf Heimaturlaub. Viel später erfuhr ich, dass er zwei Tage vor meiner Geburt verletzt wurde. War das der Grund, warum meine Geburt losging? War das der Grund, warum meine Mutter mich im Krankenhaus zur Welt brachte – eine Klinikgeburt war in der Zeit doch eher unüblich? War ich eine Frühgeburt? Was hat meine Mutter während meiner Geburt im Krankenhaus erlebt?

Meine Mutter und ich wurden, gemeinsam mit meinen Großmüttern und anderen Angehörigen, von Russen aus der Heimat vertrieben. Zu dem Zeitpunkt lebten wir bereits zwei Jahre „unter Polen". Wir landeten in Ostdeutschland. Dort lebten wir einige Zeit, bis mein Vater uns auf abenteuerlichen Wegen ins Ruhrgebiet brachte.

Während des Schreibens überkam mich eine Traurigkeit. Über das, was meine Eltern als Kinder erlebt haben, und über das, was sie entbehren mussten, materiell und immateriell. Ich empfand auch großen Respekt dafür, dass sie nie aufgegeben haben.

Während der Schreibwerkstatt erinnerten wir Teilnehmerinnen uns zunächst an uns als Kind. Wir erinnerten uns an „Glaubenssätze", die unsere Kindheit prägten. Meine Glaubens-Sätze lauteten: „nimm dich nicht so wichtig", „mach schön die Faust in der Tasche", „wir können alle nicht reden", „wie willst du das bezahlen", „wie willst du das denn schaffen". Meine Verletztheit, die ich als Kind erlebt habe, wurde spürbar, sie bekam Raum. Sie durfte sein. Sie durfte betrauert werden.

Ich schrieb einen Brief an meine kleine Nichte, die jetzt so alt ist wie mein Vater, als er geflüchtet ist:

Wenn ich dich sehe, kleine Nichte, sehe ich dich durch den Garten tollen. Du bist gerade hier, gerade dort mit deinen Gedanken und deinem Spiel. Du bist frei, hast unbändige Kraft und unbändige Ausdauer. Du lebst.

In mir spüre ich einen traurigen Teil, der nicht lebt. Er ist in mir verborgen, zugeschüttet. Er will sich befreien. Er kämpft gegen harte dunkle Mauern. Sie sind fest, unnachgiebig, bilden einen Panzer. Er schnürt meine Brust ein, das Atmen fällt mir schwer. Tränen steigen auf. Noch kann ich sie herunterschlucken.

Aber ich merke, dass das, was leben will, bunt sein will, tanzen will, von innen gegen den Panzer drückt. Es droht, ihn zu sprengen ...

Feuerwerk.

Kleine Nichte, nun denke ich an meine Kindheit. Ich wuchs im gleichen Garten auf, in dem du nun herumtollst. Ich lebte in der gleichen Wohnung, in der du nun auf-

wächst. Ich habe so wenige Erinnerungen. Das, was ich erinnere, fühlt sich häufig nicht gut an.

...

Die Unsicherheit begann, als ich älter wurde.

In unserer Familie wurde nicht viel geredet. Ja, doch, über Organisatorisches, den Tagesablauf, über das, was die Nachbarn wieder taten. Aber doch nicht über Gefühle, über Emotionen, über Schwierigkeiten, schon gar nicht über die körperlichen und seelischen Veränderungen in der Pubertät. Nicht über Verletzungen, über Essstörungen oder gar den Tod. Nein, Gefühle waren kein Thema.

Ich hatte so viele Gefühle. Ich habe so viel gespürt.

Im Leben außerhalb des Gartens sah und hörte ich von anderen Dingen. Von anderen Weisen, zu leben. Interessant. Vorstellbar. Mein Lebensentwurf begann, sich in mir zu entwickeln.

Aber dann begann der Kampf. Verbal. „Papa, dafür dass du immer sagst 'wir können nicht reden' fandest du viele Worte. Sie vermittelten mir vor allem, dass ich klein bin. Dass ich eine Frau bin. Und sie vermittelten mir, dass mein Lebensentwurf – Abitur, Studium, Studentenwohnung – absurd sind!"

„Glaubenssätze" haben mein Leben begleitet und geprägt. Nun glaube ich ihnen nicht mehr.

Kleine Nichte, plötzlich spüre ich diese Wildheit und diese Farben als unbändige Kraft weiterzumachen wieder in mir. Sie beginnen, sich auszubreiten, den Panzer auseinanderzudrücken.

Ein kleiner Stein, auf dem das Wort „still" geschrieben steht, erinnert mich an diesen intensiven Schreibwerkstatt-Tag. Mein Gedankenkarussell ist seitdem tatsächlich stiller geworden. Ich habe Ideen für Projekte und Veränderungen, bin bereit, mich zu trauen, sie umzusetzen.

Mein lang gehegter Traum, mein medizinisches Bachelor-Studium durch einen Masterstudiengang zu ergänzen, ist jetzt in Erfüllung gegangen. Ich habe einen Studienplatz zum kommenden Wintersemester bekommen. Ich darf weiter lernen.

Und ... ich möchte reden und für mich einstehen – nicht nur mit den Fingern auf der Tastatur, sondern auch mit meinem Mund. Alles geben – nur nicht auf.

Nachwort und Danke

Frauensolidarität ist mir im Laufe meines über 50-jährigen Lebens ein wichtiges Gut geworden. Sich gegenseitig in den eher weiblichen Belangen Mitgefühl und Wertschätzung entgegenzubringen, ist ein hoher Wert. Und mit jeder Frau, der ich mit offenem Herzen begegne, kann ich meine eigenen urweiblichen Themen teilen und damit lernen, wohlwollende und freundliche Beziehungen zu Frauen einzugehen. Im Grunde sind wir uns dann gegenseitig Mutter. Was für ein Segen!

Ich freue mich, dass dieses Buch durch die ehrliche Auseinandersetzung, die jede Frau im Rahmen des Schreibens ihrer Geschichte durchlaufen hat, die Energie in sich trägt, andere Frauen im Herzen zu erreichen. Damit haben wir alle gemeinsam einen wirksamen Beitrag für mehr Frauensolidarität geleistet.

Danke, liebe Mitautorinnen, dass ich euch beim Schreiben begleiten durfte, ihr mir eure wertvollen Zeilen zum Lesen gegeben habt und eure lebendigen Geschichten unter eigenem oder anonymisiertem Vornamen dieses Buchprojekt erst möglich machen. Ich danke euch für euer Vertrauen, dass ihr mir durch eure Ehrlichkeit, Authentizität, Offenheit und besonders mit jeder geweinten Träne geschenkt habt.

Mir selbst ist das Schreiben zu einem wichtigen Lebens-Begleit-Instrument geworden. Es ist so eine gute Möglichkeit der Selbstfürsorge, um seine Gedanken zu sortieren und damit seinen Geist zu besänftigen, erfrischen oder auch zu beruhigen. Es wird dann zusehends zu einer Freude, den eigenen Worten zu lauschen und zuzusehen, was die Finger beim Tippen oder handschriftlich aufs Papier zaubern. Ich empfinde es so, als würde ich mir einen überquellenden Schrank vornehmen, alles sichten, rausholen, auf dem Boden ausbreiten und dann Teil für Teil in die Hand nehmen und neu in den Blick nehmen. Anschließend sortiere ich aus: Ich trenne mich von Ungutem oder finde einen neuen Platz für Fehlplatziertes. Und was ich für gut befinde, würdige und bewahre ich, ordne es neu, damit ich künftig gerne diesen Schrank öffne und frohe Gefühle spüre.

Das Geschriebene eingehüllt in ein schützendes Cover und stimmig gelayoutet, sozusagen für die Ewigkeit abgedruckt zu wissen, gibt den Worten, die aufs

Papier kommen, eine noch größere Wirkkraft, denn sie werden öffentlich, lesbar, einsehbar. Ich bin Stephanie Feyerabend dankbar, dass wir dieses Buchprojekt anlässlich des 100-jährigen Weltfrauentags im Jahr 2021 gemeinsam auf den Weg gebracht haben.

Danke an dieses Frauenbuch für so viel Kraft und Mut. Beides hat es mir auf dem fast zweijährigen Entstehungsweg immer wieder geschenkt und so konnte ich aus vollem Herzen ...

... alles geben – nur nicht auf!

Mechthild Batzke

Mutmachende Angebote von Frauen für Frauen

Medizin & Gesundheit

Privatärztliche Praxis
Fachärztin für Phoniatrie/
Pädaudiologie, Homöopathie,
Naturheilverfahren, Logopädin
Dr. Karin Ehret, Moers
www.dr-ehret-integrative-medizin.de

Freiberufliche Beleg-Hebamme
Schwangerschafts-, Geburts- und
Wochenbettbetreuung
Bettina Sommer, Oberhausen
www.bettinasommer-hebamme.de

Sich wohlfühlen – trotz allem!
Auf Ginas Website
Heilung GANZ(heitlich)
anders erfahren
www.spleenamo.com

Coaching & Beratung

**LÖSBAR – Familienbiografische
Coaching-Praxis**
Begleitung in Krisen- und Umbruch-
zeiten & Fachausbildung
Mechthild Batzke, Korschenbroich
www.loesbar-batzke.de

Familien-, Paar- und Psychotherapie
Saskia Epler, Voerde
www.psychotherapie-epler.de

**DIE BELEUCHTERIN
Begleitung in nebligen Zeiten**
Training | Beratung | Coaching
Entwickeln, was verwickelt ist |
Familienbiografisches
Lydia Pawlitzek-Pesch, Kaarst
www.pawlitzek-coaching.com

Familienbiografische Arbeit
Freyes Spiel & Kreative
Prozessbegleitung
Manuela Oeder, Würzburg
www.manuela-oeder.de

**Jobcoaching & Systemisches
Coaching**
im und vor dem Berufsleben
Marion Potthast, Münster
www.coaching-muenster.com

Lebensmanagement
Klarheit + Umsetzung
Erika Götz, Haan
„Setz' Deinem Leben eine Krone auf!"
www.Lebensmangement.org

TRAU DICH.TRENN DICH.
TrennungsManagement
für sie & ihn – wingwave
Corinna Elle, Leichlingen
www.corinna-elle.de

Sprache, Schreiben, Kreativität

**Englisch-Trainerin, Journalistin,
Autorin**
Englisch für Erwachsene
Birgit Kasimirski, Korschenbroich
www.birgitkasimirski.de

Potpourri-See – BLOG
Kreative Textwiese für alle, die ihre
Arbeiten präsentieren möchten –
gemalt, gezeichnet, geschrieben,
gedichtet
www.potpourri-see.de

Bücher, Bilder, Schreibbegleitungen
Schreibwerkstatt „Ich schreib's mir
von der Seele"
Mechthild Batzke, Korschenbroich
www.batzke-kreativ.de

„Deine Geschichte als Buch"
Die Medienwerkstatt Feyerabend
Stephanie Feyerabend,
Bodman-Ludwigshafen
www.feyerabend.biz

Trauerfloristik
Blumenarrangements der
besonderen Art
Almut Schittenhelm, Moers
www.diefriedhofsgaertnerei.de

Künstlergemeinschaft BIKMONHILD
Inspiration durch Kunst als seelischer
Ausdruck
www.bikmonhild.com

Alles geben
nur
nicht
auf!